我的播音路

徐恒 著

中国传媒大学出版社
·北京·

目 录

 年少岁月

日寇统治时期的白米斜街 3 号 ………………………………… 3
黄樵松——我接触过的一位爱国将领 …………………… 11
我的乔老伯 ……………………………………………………… 17
逃难（1945） …………………………………………………… 22
开封 黄河 ……………………………………………………… 40

奔向光明

奔向光明 ………………………………………………………… 49

播音生涯

创业天津(1949—1954) …………………………… 61
在中央台(1954—1957) …………………………… 76
重回天津(1957—1960) …………………………… 101
新征程——创建播音专业 ………………………… 113
余　波 ……………………………………………… 144

年少岁月

年少岁月

日寇统治时期的白米斜街3号[①]

白米斜街3号,近几个月来受到人们的关注。《北京青年报》和《百年潮》发了文章。好友钟璞(宗璞)对我说:"你在那里住的时间很长,何不也写一篇?"想一想,却也是,我在那里度过了近十年青少年时光,应该有所见证。

大约是1933—1934年的一天,冯友兰夫妇从清华园进城来看望我的父母。我的父亲徐旭生在辞去北师大校长职务后,任北平研究院史学研究所所长。他和冯先生是小同乡,还有一点远亲,又都活跃于北平学术界,因此经常有来往。冯先生谈起想在城内买一处房子,以备不时之需,父亲就向他推荐了白米斜街3号的张之洞故居,并邀前院住的民俗学家常维钧(惠)陪冯先生一起去看房。不久房屋成交。冯先生说等房子修缮好以后,就请我父亲和常先生两家搬过去住,还是常先生住前院,我家住后院。就这样,我们成了张之洞后人卖房

[①] 徐桓.百年潮[J].2004(1):78-80.收入此书时有删改。

以后白米斜街3号的第一批住户。

房子粉饰一新,相当气派。一间房宽的两扇黑漆大门,中间有一副用油漆写的红底黑字的对联,上联是"守独悟同别微见显",下联是"辞高居下置易就难"。门外是八字墙,大影壁。门内是刻砖照壁,上面好像刻有"鸿禧"二字。往西是一个偏院,中间有垂花门,进去就是常家住的第一进房子。在两进房子间又有一个偏院,两棵大藤萝爬满架,遮天蔽日。后面就是我家住的正院了。正院北房是"勾连搭",双屋脊建筑,共14间,加上东西厢房共有20间。院中有槐树、海棠、丁香等植物。两边是游廊,我们下学一进垂花门就可以沿着游廊一路小跑到家,下雨天一滴雨也淋不着。我们还可以踩着粗大的藤萝枝干爬到房顶上,但堂屋后面近半亩的园子却有些荒凉。北面的楼房早已倒塌,只剩下一个楼基,但花木较多。这是我们的"百草园"。在这个前后几层的大院落里,我们兄弟姐妹过了几年平静而愉快的生活,特别是后门外的什刹海给了我们极大欢乐。

随着日寇对华北的入侵,时局越来越不稳。父亲和朋友们组建的"通俗读物编刊社"出版抗日年画,编写抗日鼓词,并在家宴请刘宝全、白凤鸣等艺人,他们用曲艺形式宣传抗日。母亲在堂屋支起案子,和用人一起赶制皮背心,捐给前方的抗日战士。哥哥和我不再唱《茶花女·饮酒歌》,而改唱"流亡三部曲"。1937年夏天,卢沟桥的炮声彻底改变了我们的生活。

冯友兰一家从清华园搬进城来,还有冯先生的堂妹冯缦兰、张岱年夫妇,当时他们就住在清华园乙所冯家,所以随同进城。14间北房腾出了10间,冯先生一家住堂屋6间,张先生夫妇住东耳房4间,我家住东西厢房和西耳房。大炮声远远传来,头上不时响起日本飞机的轰鸣。为了躲避轰炸,我们借用了西邻孙家(原张之洞家花园)后楼的地下室,用梯子从后门旁的墙头上爬过去。父亲开始烧一些有关抗日的书刊,大批的书早已运走,家里只剩下两柜书。在日寇进城后不久,父亲就用化名离开北平南下,辗转到了昆明。

院子里,听不到父亲与友人们的高谈阔论,却添加了孩子们的喧闹声。我家6个,冯家4个,常家2个,凑起来正好一打。除冯大姐钟琏已上大学,我的小妹小弟太小,不能在一块儿玩儿外,其余的一起玩儿得热闹。三个大男孩上初中,回家就刻图章。我和钟璞在一起,她虽不到10岁,却能熟背《红楼梦》中林黛玉的《葬花吟》,唐诗也比我背得快。有时我们聚在一起,就一些古典文学作品中的人物进行辩论,比如说《红楼梦》中的薛宝钗是好还是坏,有的说她好,有的说她奸,各执一词,互不相让。当然也免不了对《水浒》人物的褒贬。

冯先生的亲友不时来访,他的弟弟冯景兰夫妇及他们的大女儿冯钟云,他的妹妹冯沅君、陆侃如夫妇。清华的教授们也常来。对我们来说，印象最深的是潘光旦教授，他一条腿、拄着双拐，上台阶却比普通人还快。

为了不受日寇的奴化教育，父亲来信要哥哥和我离开北平南下，那时我11岁，哥哥14岁。正在准备行装时，我病倒了，诊断为结核性肋膜炎肺门肿大。在当时还没有结核病特效药的情况下，我只能卧床休息。这一躺就是一年半，休学两年半。哥哥一个人走了，谁也没想到他这一走竟再也没回来。

清华南迁，冯先生走了，张先生夫妇也迁出。约一年后，冯家全家离开北平，临行前把白米斜街3号的房子托付给我母亲。院子里一下子空落起来。我们又搬回北屋，西厢房堆放着冯家的家具什物。

没多久，院子里来了新邻居，李戏渔（镰）先生，住在垂花门外的南屋。当时他在辅仁大学任教，曾多年随冯先生工作。另一家邻居和我们过从甚密，那就是李霁野夫妇。他们住在正院内。李先生是应辅仁大学英语系之聘从天津搬来的。那时他结婚不久，夫人已怀孕，两个男孩方平、方仲的接连降生使院子里又有了新气象。母亲成了李太太的育儿顾问，事无巨细都要照料。晚上，母亲到李家一起听重庆广播，讨论时局的发展。前院的常先生不时过来，在大槐树下与李先生及母亲谈论时事，我有时站在旁边听。有一次他们谈苏军与德军在斯大林格勒的鏖战，李先生说："斯大林在俄语中是'钢铁'的意思，希望斯大林格勒真像钢铁一样，能顶住德军的进攻。"

当苏军取得胜利时,他们当然谈得欢欣鼓舞。

来李家拜访的大多是辅仁大学的教授,记得英千里先生(英若诚之父)就来过。此外,还有每月来一次的特殊客人:鲁迅的母亲或原配夫人。原来,周老夫人只承认原配长媳,始终与她生活在一起,而不承认许广平。次子周作人不负担母亲的生活,老人的生活费每月还得由许广平从上海寄到李霁野处,她们再从李先生处取回去。开始周老夫人来过,后来就是由她的儿媳来取了。那一时期,许广平先生正在上海编辑出版鲁迅著作集,每出版一部分就寄给李先生一套。我就是从李先生的书架上读到鲁迅全部著作的。同时也读了李先生的译作《简·爱》及《被侮辱与被损害的人》。

站在我家堂屋窗下,可以清楚地看到来东厢房李家的客人。有一次母亲忽然说:"这来的像是韦丛芜。他不是到后方去了吗?"我知道,韦丛芜与李先生同样是鲁迅支持的"未名社"的成员。晚上从李家回来,母亲高兴地说:"真是韦丛芜。他带来了好消息,甘肃玉门发现了大石油矿,这对抗战大有帮助。"

我和妹妹进入贝满女中上学,李霁野先生是我们的保证人。在太平洋战争爆发、这所美国教会学校被迫停课期间,李太太义务为我补习英语。

经常到李先生家来的有不少青年学生,这引起了日本军警的注意。风声越来越紧,李先生不得不抛妻别子离家南下,

我的播音路

李太太带着孩子回到天津娘家。一天,忽然有日本宪兵来李家搜查,我才知道李太太及她的弟弟都被天津日本宪兵抓了去。若干日子以后,李太太带着孩子回来了。她谈到被捕的情况,她的弟弟受到坐老虎凳、灌辣椒水等酷刑……1946年夏,当我在四川江津红豆树再见到李先生的时候,他变成了一头白发。据说他是听说李太太被捕,一夜之间急白了头的。

更出人意料的是前院常维钧先生的被捕。他在日寇进入北平后就没有出去工作,也没见他进行什么活动,儿子已离开北平南下,来往的朋友也不多,除了已故刘半农的夫人和孩子外,好像很少有人来找他。原来,他是在去探望沈兼士先生时,被在沈家盯梢的特务捉去的。由于不是日寇要抓的主犯,不久就被放了出来。

一次,母亲要我去探望住在朝阳门大街的舅母。刚到不久,家里忽然叫人从附近的商家打来电话,声音很急促:"你娘让你赶快回来,不用问为什么!"等我赶回来,白米斜街3号门口徘徊着几个不三不四的人。到家里,母亲神色紧张地告诉我:"刚才日本宪兵来搜查过,说是要逮捕辅仁大学一个姓徐的女学生。他们因你姓徐,又是女学生,就问你到哪儿去了,并记下你舅母家的地址。我怕连累你舅母家,才趁他们不注意让人打电话叫你回来。"

这一时期,白米斜街3号的前后门都有特务狗腿子盯梢,人像是生活在一个大囚笼里。

没想到房子也有意外发生。有一年夏天,阴雨连绵,后院墙忽然坍塌,在房间里就能看到满湖的荷花。堂堂大学士的宅院,后墙竟是碎砖砌起来的。

日寇占领期间,大街上可以看到"土药店""土膏店",这是鸦片烟馆,吸食海洛因的地方。那些吸毒的人骨瘦如柴,面如灰土,走起路来摇摇晃晃。他们缺钱买毒时,抢劫、卖妻,无所不为。在我们门前的大影壁下,就不时可以看到躺在地下犯毒瘾的鬼怪一般的人。

更烦人的是,东邻张之洞家最后一处宅院(白米斜街甲3号)卖给了一个汉奸。这下可遭了殃,来访他家的人经常错敲白米斜街3号的门。可能是因为他家的门只是普通大小,没有3号正宅门这么气派吧。

1943年初夏,我和两个较大的妹妹、弟弟都在上初中,小妹、小弟由母亲在家课读。父亲的一封来信传来了坏消息:哥哥因肺病吐血已终止学业,回到我们从来没见过的老家河南南阳。哥哥离家后因路费不够,并没有走到父亲工作、生活的昆明,而是在陕西城固停了下来,进入迁到那里的师大附中(我的大表姐王春书、何乐夫一家也在那里)。在高三快要毕业时,哥哥倒了下来。母亲急坏了,怎么能让重病的儿子独自在人生地不熟的地方生活?她决定带我们5个孩子回她也没去过的老家。于是她变卖东西筹措路费,带我们离开了生养我们兄弟姊妹的北平,离开了居住近10年、充溢着我们童年

我的播音路

欢乐与悲愁的白米斜街3号。遗憾的是,我们的到来并没有留住哥哥的生命。1945年春,日寇最后一次侵入家乡时,我带着妹妹徒步西逃,穿伏牛山过秦岭,来到陕西蓝田,经历了几乎致人死亡的"回归热"病,辗转到了四川。在与家乡音信隔绝半年多以后,接到母亲的一封电报,上面只有八个字:"汝兄病故,余皆平安。"

抗战胜利,我和妹妹随父亲回到北平。最后一次进入白米斜街3号是在离开这里三年后,也就是1946年的夏天。这次回到熟悉的院落,不是回家,而是到冯友兰先生家看望钟璞。他们那时刚从昆明回来不久。钟璞带我去拜望了住在前院的闻一多夫人。待冯先生一家搬回清华园乙所后,我就再也没有进入那两扇黑漆大门了。

黄樵松——我接触过的一位爱国将领

我是在抗日战争后期1944年初夏认识他的。

1943年,一个坏消息传来,独自在陕西城固上高中的哥哥吐血病倒了,在昆明的父亲让他回老家河南南阳养病。母亲急了,急忙带着我们五个较小的子女,离开生养我们的当时在日寇统治下的北平,奔向连母亲也没见过的老家——被"水、旱、蝗、汤(指汤恩伯的军队)四大害"弄得满目疮痍的河南南阳。

哥哥虽然病弱,难以活动,但还是像七七事变前教我唱"流亡三部曲"(最著名的是第一部《松花江上》)一样教我唱《大刀进行曲》《游击队歌》《救国军歌》……让我看世界反法西斯战争三部著名的文学著作:波兰裔苏联女作家瓦西列夫斯卡娅的《虹》、美国斯坦贝克的《月落》,还有中国作家姚雪垠的《牛全德与红萝卜》。我渴望着参加抗日工作。

我的播音路

暑期后,我和妹妹进入这一地区唯一的女子中学南阳女中,弟弟进入战区中学,小妹、小弟则进入邻村的小学。

1944年初夏,情势突变!"日本人要来了,快跑吧!"日寇过了黄河长驱南下,因为这一地区曾被日寇蹂躏过,老百姓知道,在这种情况下只能跟日本人"捉迷藏",登时县城变得空荡荡的了。怎么办?回家躲起来?不情愿。我们几个想参加抗日工作的同学找到南阳三青团筹备处,谈了我们的愿望。因为他们以前来学校宣传时曾说三青团是抗日的。没几天,"南阳青年战地服务队"成立了。开始时有八个女生:我们高二班五个,高三班两个,还有一个是我妹妹,她是初中生;男生多一些,有十来个。我们的任务是协助驻防南阳的国民党军143师政治部做宣传工作,而143师师长就是黄樵松。

一接触实际我们就傻了眼。一是这个师只有半数老弱兵员,其余一半都被上司"吃空额"了。现在刚从安徽补充一部分新兵,他们的情绪极不稳定;二是黄樵松是刚从27师调到这里的,人生地不熟;三是黄樵松被上司68军军长刘汝真(集团军司令刘汝明之弟)排挤,竟派了个副师长监视他,后又加派了个政治部主任……

我们的第一项工作是替新兵写家信,因为他们都不识字,没法自己写。一接触,简直成了控诉会:"原来规定独子不当兵,可老财们使了钱,不让抓他们的孩子,我这个独子就被抓来。我们那一家人可怎么过呀!""我们在安徽被抓(当时规定,抓来的壮丁不能在本省当兵,怕跑),这一路上,'士官区'(负责抓壮丁的单位)不拿我们当人看,用绳子把我们串起来,走得慢点就挨鞭子。""一顿给一个窝头,渴了就喝地沟里的水,病了也得跟着走。""有人想跑,抓回来一顿乱棍打个半死"……这样的新兵怎么打仗?!

如何能把士气鼓舞起来?教唱歌吧!我想了想,《救国军歌》最好唱,声调铿锵,很能振奋人心,就教这歌。"枪口对外,齐步向前,不杀老百姓,不打自己人……卫我中华民族,永做自由人。"歌声起来,情况有些好转。

他们知道我是从沦陷区过来的,让我向士兵讲那里百姓的痛苦生活,以激励士气。可我生活圈子那么窄,也只能讲讲邻居被日本宪兵队抓去受酷刑的情况,以及百姓连一种用玉米棒子骨和滑石粉当原料的"混合面"都吃不饱的悲惨情景。后来我才了解到,就在离我们村一里半地的一个小村,上次日寇来时被屠杀得绝了户,所有妇女被强奸后在一个屋子内被烧死!这是多么鲜活的例子,可那时我不知道。

黄樵松个子不高,两眼炯炯有神,很威武,但不乏亲切感,他正忙着练兵。连我们也加上军事课:学习用步枪,了解迫击炮的性能、特点,看战士们打靶;还有防谍课,学习识别日本间谍的知识。黄师长在练兵的空隙也常来我们战服队,鼓励我们做好宣教工作、激励士气。

形势越来越紧张,日寇不断南下,城里的老百姓已经跑光。黄师长把家属送出城,让政工干部画了一张被花圈包围的头像,表达以生命保卫疆土的决心。这时,他的老部下给我们讲了黄师长在台儿庄战役中英勇指挥作战的情景,并教我们唱当时宣传队员谱写的一支战歌。虽然这已是七十多年前的往事,但我依稀记得这首歌的第一段:

"二十七师血战勇,

英勇奋战运河东,

……

攻占前后棚。

师长督战曹州桥,

截断南北敌交通,

肉搏又冲锋,

血染山河红!

微山湖畔……"

啊,原来我们的师长是台儿庄大捷的英雄!我们对他更加崇敬,这也坚定了我们跟着他抗敌的决心。

日寇停在叶县以北,不再南下,局势逐渐缓和下来。百姓开始回城,学校纷纷复课,战地服务队解散,我们又回校读书了。

一天,我们正在上课,训育主任陪着一位年轻美国军官走进教室,引起一阵骚动。训育主任介绍说,这是史迪威总部派来的一位军官,他们听说在国民党军队节节败退的情况下,有一位将领准备誓死保卫疆土，竟使敌寇停止了进攻的脚步。史迪威将军听了很感动，因此派人来……到南阳后又听说当时有青年学生参加战地服务队，还有女学生积极参加，因此到我们学校来。由于我们班是参加战地服务队人员最多的班级，因而来到了我们高二班。训育主任介绍完情况，说："请参加过战地服务队的同学站起来。"我们五个应声站起，同学们鼓掌。那美国军官用敬重的眼光扫视了我们一遍，说"请坐下"，又说了一些鼓励的话后离去了。

转眼到了1945年4月，我们正在四人一盏的油灯下上晚自习，一阵凄厉的哨声响起，紧急集合。"日本军队已过了方城，离这里仅百十里，学校要求你们明天早晨五点钟必须全部离校。"话刚停，只听一片哭声，因为不少同学的家乡已是敌占区了。

我们几个还是想参加抗日工作，第二天一早，赶到三青团筹备处，谁知那里跑得空无一人，看门的老者说："省政府已经迁到内乡，你们到那里可能有办法。"等我们跋山涉水赶到内乡，省政府已不知去向。报国无门，我们只好登记成难民学生，开始了流亡生活。四个月后，我和妹妹辗转到了重庆，正赶上日寇投降，抗日战争胜利。我考入了中央大学附属中学高二班（高三不招插班生），只身一人在沙坪坝读书。我们班的语文教师，也是班主任，非常崇拜诗人臧克家，曾带我们班的同学去歌乐山拜访他。我在阅读班主任借给我的《臧克家诗集》时，竟发现有一篇是赞颂黄樵松的！诗句我已不记得，内容是写在保卫武汉的战役中，黄樵松带领他的战士固守在鸦雀尖，直到打得只剩下七个人，国旗还在飘扬。诗的标题是《国旗飘扬在鸦雀尖》。读着诗，我仿佛看到黄樵松站在山顶上，周围是他的几位战士，国旗已被子弹打得千疮百孔，但它飘扬着……我为自己曾经结识这样一位民族英雄而自豪。以后就再也没有他的消息了。

1948下半年，我已参加革命，人在解放区。一天，在报纸上看到这样一条惊人的消息：黄樵松被蒋介石枪毙于南京雨花台！！！我心目中的英雄倒下了，不是倒在敌寇的枪弹下……不知为什么，在我脑海中出现这样一个形象：临刑时，他是在振臂高呼"中华民族万岁"的口号中倒下的。

几十年后，在看一部有关解放太原的电视剧时，我才了解到黄樵松牺牲的缘由。他被蒋介石派到太原去帮助守城，在策动起义的过程中，被他的一个亲信出卖了。

不久前，在《中国电视报》上我意外地发现一首有关黄樵松的诗。这不是歌颂他的诗，而是他自己写的诗。在台儿庄战役中，他为敢死队的勇士们写的"绝命诗"《榴花》。勇士们就是朗诵着这首诗，以血肉之躯与敌寇进行殊死搏斗的。

"昨夜梦中炮声隆，朝来榴花遍地红。英雄效命咫尺外，榴花原是血染成。"民族英烈，永垂不朽！

2015年7月于北戴河

我的乔老伯

乔老伯名曾煦,字大壮,是著名篆刻书法家,有"北齐(齐白石)南乔"之说。鲁迅先生"横眉冷对千夫指,俯首甘为孺子牛"对联下方的印就是乔先生刻的。20世纪中叶,故宫博物院曾精心制作了《乔大壮印谱》,发行量极低,主要为海外华人收藏之用。

我之所以知道乔先生,是因为他是我父亲在京师译学馆读书时的同窗好友。他们曾共同翻译出版了诺贝尔文学奖得主波兰作家显克微支的长篇小说《你往何处去》等作品,我在十三四岁时读过这部作品,当时只是震惊于罗马帝国贵族生活之奢侈与浪漫,却不懂得它诠释了罗马帝国必然灭亡的内在原因。而我对乔老伯的了解,都是从母亲口中得来的。

乔老伯有八个孩子,按"无"字排行。一次"无病"病了,乔老伯替他写假条,条子上写"小儿无病因病请假",一时传为笑谈。更重要的是他第二个儿子,我称他为乔二哥,要去考航空学校当飞行员。当时日本右翼觊觎中国之心已昭然若揭，乔老伯觉得干这一行太危险，不想让他去考。父亲劝他说："你有八个孩子，都不肯放一个去考航校，那中国还怎么建设空军？中国还有希望么？"乔老伯被说服了，乔二哥顺利地当上了飞行员。

我真的见到乔老伯是1945年夏，当时他是中央大学艺术系教授。1945年上半年，国民党军队在日寇面前千里大溃退，我和妹妹在国民党溃军和日寇追击的夹缝中成了难民学生，一路由河南南阳出伏牛山过秦岭，用双脚走完千里逃难路，后辗转由陕西到达重庆，正赶上日寇投降。为了继续求学，我的二表姐王碧书（魏建功夫人，北京大学哲学系第一位女生，新中国成立后任职于故宫博物院）由江津赶来，带我们姐妹俩和她的女儿去沙坪坝考学校，寄宿在中大教授宿舍沙坪新村，乔老伯就住在新村边缘的两间平房内。我们见到他时，他已是颔下留着长胡子、鬓发皆白的一位慈祥老者。考试结果出来，只我一人考取了中大附中高二插班生（同时也考取了南开中学，因交不起学费，不得不放弃）。二姐她们回江津了，在沙坪坝只留下我一个人，形单影只，举目无亲，只能到乔老伯这里找一点"家"的感觉，而这个"家"是不完整的。

乔伯母早已去世，乔老伯只身住在沙坪新村，有一个男仆照顾他的生活。乔二哥和乔三姐不时从重庆赶回来看他。我一去，乔老伯一般会让他的男仆做"狮子头"给我吃，并一起谈谈天。有次我去时,正赶上他的得意门生、未来的书法家蒋惟松也在,蒋正在请老师给他写一幅字。

乔老伯问我:"你要不要?我也给你写一幅。"我说,"要不要都行",蒋一听马上说:"别人想求老师写字都很难,你还不赶快要。"乔老伯欣然提笔,给我也写了一幅。上款写"亹岐世兄",我不认识这个"亹"字,乔老伯说:"这是你名字的古写啊,你出生的时候,你父亲根据诗经《大雅·生民》中的一句给你起的名字。因为你脸色较红,所以起'穈岐',是祥瑞和企盼之意。"原来我只知道"穈"的含义是"赤苗嘉谷",这回才了解了它的出处。小时候我对这个名字并不喜欢,因为"穈"(音 mén)字笔画多,字形长,很难写在一个方格内,后来由小学到大学,几乎所有的同学和绝大多数老师都不认识这个字,总是把它读作"糜"(mí),我总是纠正他们,以致在大学有了"大 mén"的绰号。这回经乔老伯指点才明白父亲给我起名的用心(至今户口本上原名一栏还是令人尴尬,因电脑中没有"穈"字,只好空着,而"山"字旁的"岐"字也打成"止"字旁的"歧",意思全谬)。

由于当时我连个小箱子也没有,所有行李都放在一个大口袋中,乔老伯给我写的字也只好折叠成不大的方块,跟衣被等放在一起,以致1946年回到北平时已有所磨损。直到几十年后,20世纪90年代初,我大儿子拿去请他一个书法界的朋友装裱后才恢复原样。据说在装裱过程中,不断有书法界的朋友去观摩。和我老伴韩里同在中央音乐学院的一位教师，在山东大学就读时是蒋惟崧的学生，懂书法。他在看了乔老伯给我写的那幅字后大加赞赏。他说这是乔先生晚年作品，写字时心情平静、愉悦，是他老人家不可多得的佳作。他一并拿来书法杂志上刊登的所有乔先生的作品，相比之下，其中只有一幅与我那幅不相上下，其他的都不如我那幅精彩，果然是乔先生不可多得的佳作。他还说乔先生后来感觉自己已教不了蒋惟崧，就把这个得意门生推荐给了沈尹默，这在书法界传为佳话。这都是后话了。

乔老伯对我谈得最长也最动情的一次，是谈乔二哥负伤的事。乔二哥作为中国空军的一员（好像是大队长），抗日期间多次参加与日本空军的作战。他每隔一段时间来一封向父亲报平安的信。有一次竟几个月不来信，乔老伯觉得事情不妙，非常着急，但见了儿媳不问不说。儿媳对公公也是如此，因为她也几个月没接到乔二哥的信了。盼啊，盼啊，终于信来了，是从印度寄来的。原来，乔二哥在战斗中受了重伤：一颗子弹从下巴一侧穿入，从另一侧的耳下穿出。他跳伞落到一个游击区里，游击队员及老百姓对他悉心照顾，但迫于条件，无法给他疗伤，只得冒着危险，用担架日夜兼程把他送到最近的国民党军据点（乔老伯在谈到游击队时那种肃然起敬的样子，使我到现在还记忆犹新）。他被辗转送到印度，动了手术，已无生命危险，才给父亲、妻子写信报平安。乔二哥是个英俊的军人,见面时他从未谈过负伤的事。

　　我八个多月没接到家信了,我和妹妹开始逃难时,日寇已接近家乡,母亲、患病的哥哥以及三个弟弟妹妹怎么样了?去了多封信,还是音信杳然,我心急如焚。一天,我正在上课,忽然看见乔老伯的男仆站在窗外,急迫地向我晃动手中的一封信,我赶快接来打开一看,原来是母亲发来的电报,上面只有八个字:"汝兄病故,余皆平安",我一下子哭倒了。放学后请假去乔老伯处,他尽力安慰我,我在那里放声痛哭了一场,情绪才逐渐安定下来。1946年暑假,我和妹妹随父亲回到北平。乔老伯随中央大学回到南京,我就再也没见到他老人家。

　　那是1949年的某一天,报纸上登出一条消息:乔老伯因不愿儿子打内战,竟跳黄浦江自杀了!

　　我的乔老伯!……

2015年5月4日于北京

逃难（1945）

（一）

南阳女中。1945年4月的一个晚上，跟平常一样，同学们正四个人围在一盏油灯下上晚自习，做功课，忽然听见急促的哨子声，还伴有训育主任的喊声："紧急集合！"大家赶忙丢下笔向校门内那一片小广场跑去。只见训育主任神色紧张地站在那里，见同学们来得差不多了，就大声说："同学们，日本军队已经过了叶县，到了方城，还在往南进，离南阳只有百十里了！学校决定停课。你们必须在明天早晨五点前离开学校！"同学们一听这个决定，马上哭成一片，很显然，家在南阳以北的同学已不可能回家了……南阳是国民党和日寇的"拉锯地带"。上次日军来时，不少女同学剃了光头，脸上抹灰，穿上破旧的男装，跟着家人东躲西藏。这次恐怕又得如此了！

我们几个曾参加过战地服务队的同学决定不回家，还是去做抗日工作，等天亮后就去三青团筹备处。谁知到了那里，工作人员早已跑光,只剩一个看门的老头说:"县政府已经没人了。省政府现在在西边的内乡。你们到那里去看看,是不是有办法。"

怎么办?在离开南阳之前,我先找到在战区中学上学的弟弟,让他自己回十八里外的郭旗牌村家里,告诉娘说我和他二姐都往西走了。

当时的形势是,东面平汉路一带和南面的湖北省都有日本兵,现在日寇又从北面杀来,只剩下西面的一条通往陕西的路可逃,我们也就走上了这条唯一的逃难路。

(二)

阳历四月天气还相当冷,我们同学几个人,一人一身土黄色粗布棉制服,背上背一床棉被,就深一脚浅一脚地向省政府所在地内乡走,希望在那里还有参加抗日工作的机会。路上有国民党军队的大卡车,上面装满了盛香烟的大木板箱。据说汤恩伯在叶县开卷烟厂赚了大钱,现在急着把香烟往后方送。军车在难民间横冲直撞,在一架不大的木桥上,我们亲眼看到军车从一个挑着担子的男人身上轧过,人死了,鲜血横流,军车若无其事,连停都没停!据说,这男子是一名教师,他担子的一头全是书。这种惨状让我们心惊肉跳,只得硬着头皮往前走,心里想:"军队不去抗击日寇,却……"再往前走,

我的播音路

又听说,日本兵一下子到了嵩县,河南大学来不及逃跑的女学生集体跳了井,上面没死的被日寇拉出来强暴了。听到这些,我们只有加紧往前赶。但妹妹的脚却打了泡,疼痛难忍,走不动,只好用针挑破(当时她只有十五岁,还是个孩子)。没想到前面我们又遇到了一条较宽的河流,河上的桥已被炸断,是前面的国民党军车过去后炸掉的。难民们只能蹚着齐腰深的河水过河。看到这情景,妹妹一下子坐在河岸上哭了起来:"要是不过河,日本兵就在后面跟着;要是过河,脚烂了,不能走路,还是会被日本兵追上……呜呜……"她说的是实情,日本兵就在后面不足百里,但我已顾不得这些,只好说:"咱们先过河再说,坐在这里哭总不是办法啊!"于是,我们几个臂挽着臂,深一脚浅一脚地蹚过河去,身上的棉裤全都湿透了。过河后,不幸的是,真像妹妹说的,她的脚开始溃烂,而我正在来第二天的月经也一下子闭住,此后八九个月再不来月经,落下了妇女病。

  一边走,一边想:这是怎么回事?只见往后方拉香烟的军车车队,却不见去前方抗敌的"国军"?……想着想着,一下子想起前不久在家时,娘对我说起的一件事:一部分从黄河边撤下来的"国军"住在我们村里,凡排长以上的军官都带着小老婆,手里都有"袁大头"(银圆)和鸦片烟土;士兵却衣不遮体,穿着单裤,冬天只得偷老百姓的秫秸烤火,这是老百姓用来做饭的柴火呀!士兵和老百姓争吵不断,怨声载道。娘看那些士兵实在可怜,就力所能及地拿出一些袜子之类的给他们穿。有的士兵跟娘熟识了,就偷偷告诉她黄河失守的情况。原来军官们一直跟对岸做走私生意以赚取外快,那天夜里有船只过来,他们以为是做生意的,根本没设防。谁知竟是全副武装的日寇已打到跟前,他们只好仓皇南逃。黄河天堑,竟这样失守了!

唉,这样的"国军",你还能指望它什么呢!!

(三)

等我们跋山涉水来到内乡,省政府却已无影无踪!幸而,教育部派来此地接收难民学生的几个工作人员正打算撤离,我们算赶上了末班车,登记成难民学生。这虽然与我们想参加抗日工作的初衷相差甚远,但毕竟在这兵荒马乱之际总算有了个着落,起码暂时解决了吃饭问题——每天发一点生活费,指定一个行走方向,就各走各的了。

从南阳往西走,很快进入伏牛山区,再往西走就是秦岭山脉的商洛山区,总而言之,是"步步高",一个多月没见过平地,四面一望全是山。我们沿着一条公路走,有时公路旁有水流,我们就捧起来喝两口,把手脸也洗一洗,路旁没水的时候就一切全免。如果能在山里找到一家农户,一碗玉米面糊糊,就着几口无盐的山野菜,就是我们最好的饭食。可惜,这样的

我的播音路

好事只遇到过一次。因为一路被日寇追赶,我们只能日夜兼程,到晚上如果能睡在路边的牲口棚里就算幸运,有时走着路就睡着了。记得是在到武关的路上,实在太困了,我和一个同学就在路边睡了。一觉醒来,看到路边悬崖上蹲着一只狼,两眼冒着绿光,我们俩吓得赶紧起身往前奔,赶到有人群的地方。脚上的布鞋底子快要磨透了,只好在路边买双草鞋穿上,但草鞋破得更快,几天一双。要是能碰到一双旧布条编的草鞋,我们就特别高兴,因为它比较经穿,又不磨脚。虽然我脚上全是土,可也有好处,在南阳发的很重的脚气竟然好了。"远路无轻载",原先背在背上的棉被太沉,我们就把里面的棉花扔掉,棉衣裤里面的棉花也扔了。在到武关的夜里,我靠在一户人家的门上睡着了(这是李自成败退时走过的路,姚雪垠在小说《李自成》中描写过这一段。姚承认他没走过这条路,但我们走了)。

妹妹本是个乐观能走的孩子,头几天她虽然一瘸一拐,但看到路边山崖上绚丽的山花和下面垂着的冰锥,还会驻足看一会儿,说:"这景色真漂亮!"而时间一长,她的脚烂得不能走了。怎么办?只有一个办法:央求开军车的司机,把她放在香烟箱子上面带走,也就是"搭黄鱼",因为这条路上没有其他交通工具。在求了几个司机之后,有一个司机总算答应了我们的要求(别人"搭黄鱼"会出一些钱,我们却没钱)。他说他们的车队下一站在龙驹寨停留(现商洛市丹凤县),他只能把妹妹带到那里。正好，我们难民学生队下一站的目的地也是龙驹寨。只要他能把妹妹带到那里，我们已是千恩万谢了。

（四）

龙驹寨是商洛山区公路上一个较大的驻足点，其实是一个小镇。在到这里之前，我意外地见到了从家乡赶来寻找我们姐妹的本家哥哥，我们叫他"老三哥"。原来，母亲听说我和妹妹往西走了以后很不放心，也极为不安。老三哥见此情况主动表示愿来追赶我们。因为他走得仓促，并不知道我们关心的家乡后来的情况，只带来家里仅有的一点值钱的东西：我母亲唯一的一个很细的金戒指和一只已不能走的小手表，让我们在必要时卖掉它们，因为母亲知道我们手里没有钱（我们始终没用那金戒指换钱，但因它太细，在途中折断了。几年后见到母亲还给她时，已残缺不全，可能还少了一小截）。老三哥看到我们已有了着落，并且知道我们有了确切停留处后，就放心了，表示会给在昆明的父亲和在四川江津的表姐去信联络。于是他没有跟我们往前走，而是急着回去把我们的情况告诉母亲。他回去了，我们跟家里的联系又断了。

难民学生的队部领头人姓周，在到龙驹寨停住后，他派两个工作人员去打前站，找我们这支队伍可以较长时间停留的地点，因为听说在原来的目的地西安，难民已经住满了。没想到这个举措竟造成了惊人大祸。

妹妹的脚还没好,我们又求另一位军车司机带她走。这次的目的地是西安。

妹妹换了一辆车走了。队部打前站的两位工作人员乘的却是妹妹原来坐的那辆车。几天后,噩耗传来:两位先生一死一伤,死者头上部被切去,惨不忍睹!怎么回事?据说秦岭中这段公路是在山崖中炸出来的半山洞,三面是巨石,只有下面比较平整,另一面是悬崖。军车上装的香烟箱子已很高,上面又坐了人,军车走过时,前面坐的人的头被上面带棱角的巨石碰到,一声惨叫,司机马上踩刹车,又退了一下,人头已被碾碎了!听到这个消息,我在震惊悲痛之余,也心有余悸:如果妹妹没换车,也可能惨遭不幸,那我将来怎么面对母亲?妹妹这几年,无论在学校、在青年战地服务队还是这次逃难,都是一直跟着我的呀!总算老天保佑!

消息传来,西安的难民学生已经爆满,无地再收留,我们只能在西安东南的蓝田(现属西安市)住下。于是我们大队往蓝田进发。这段山路要穿过又高又窄的秦岭隘口,窄的地方几乎是一线天,两边都是悬崖绝壁,上午十点半以后才见太阳,下午两三点太阳又落山了。走到出事的地段,我看到路顶和路侧像巨齿狼牙般的巨石,想到出事的情景,真是不寒而栗。虽说这时已没有日本兵在后面追赶,不必昼夜兼程,但大家的心情却更沉重了。

不过我们也有意外收获,连续走山路练就了铁脚板儿。清早出发,120里山路,下午4点就到达目的地。脚掌硬得像螃蟹壳儿,以后几十年,不管走什么路,走多长,再没有走不动、脚打泡这种事儿了。

(五)

我们到达蓝田之初,住在县小学里。那里正在放假,没有学生,只有几个教师还在那里驻守、备课。我们几十个女生住在一个较大房间的顶阁楼层里。这个阁楼层并不真是一层楼,而是在房的顶部用木板隔开的部分,一般用来放置物品,因下面是木板地,可以直接睡人,就成了临时的女生住处,只不过,是用一个梯子上下。

我记得我好像只在那阁楼里住了一晚,第二天下去上厕所(用土坯墙围起来的一个大粪坑),出来以后走了几步感觉头晕,就一头栽了下去,昏过去人事不知了。同学们七手八脚把我抬到一间空屋子里,找了一块较完整的木板,把我放在上面。那屋子的窗户纸全是破的,同学们用被单把窗户遮住,这里就成了我的"病房"。发着高烧的我时而昏迷时而清醒,人不能坐起来,一坐起来就昏过去。同学们打开我的衣服一看,毛衣的每一个小窟窿里都有一个虱子!内衣缝隙处也全是!她们说我可能是被虱子传染,得了"回归热",而这种病几天内就可以要人命。而且我身上的虱子咬了谁,谁也会被传染上。她们赶快借来一个铜脸盆,把我的衣服放在里面煮,以便杀死那些虱子。我知道这种病的厉害,父亲的朋友刘半农(著名语言学家、诗人,新文化运动的开拓者之一)就是在内蒙调查语言的过程中,因得回归热而英年早逝的。难道我的生命也将就此结束么?! 从西安赶来的妹妹和几个从湖北逃出来一路同行的小姑娘围着我哭……

经过打听,同学们知道本地有一位私人医生能治这个病,她们就去求他。跟我要好的一位同学甚至跪在地上求他救命,说我父亲在昆明工作,是北平研究院的一位学者,将来一定会还他医疗费的,最终那位医生被打动了。他来了,一测体温,42℃,到了体温计的顶端,他说这种情况再不治就没救了,于是连续三天给我打最厉害的针,我的体温逐步下降,得救了。睁开眼,我看到一个小瓶里插着几朵盛开的芍药,说是隔壁的几位老师送来的……

(六)

我给父亲、母亲及在江津的二表姐写了信,告知我和妹妹的情况,但对得"回归热"的事一字没提。

为什么要给二表姐写信?这不能不提我们两家的特殊关系。二表姐王碧书是舅舅王尚济(字海帆,北京大学数学系教授)的二女儿,我们叫她二姐。舅舅与父亲是在译学馆学习时的同窗、同乡,一同去法国留学,回来后又同在北京大学任教。我父母的结合就是舅舅一手促成的。我母亲特别喜欢这个二侄女,关系密切。这就使我们从小就与二姐一家的关系不同一般。

不久,难民学生队搬到郊外,找到半永久的驻地。女生住的是一个三间的过厅,空无一物,在东西两侧地上铺上一些麦秸垫,就是我们的住处。队里开始对学员进行操练,每天要出操几小时。我因病刚好,不参加操练。队部指定我管女生伙食。这也给我带来一些难题。主食还算能吃饱,但副食一点没有。怎么办?有人给我出主意,从队部领回一些黄豆,泡黄豆芽。这主意不错,于是我借了两个大盆,放在屋檐下,按照人家指点,先用开水烫一下,再用冷水泡,每天换两次水。屋后的院子里有口井,但极深,二尺来长的辘轳上面绕了两层绳子,绞起一桶水来相当吃力。我学着涮筲、打水,白天一次、夜间一次给豆子换水。几天后,豆芽做成了。让女生吃上豆芽,我很有成就感。

在这里,我第一次看到了窑洞。

等了一段时间,终于接到了回信。二姐夫魏建功(著名语言学家、北京大学教授,曾任北京大学副校长,院士,当时他就教于白沙女子师范学院)来信说,让我和妹妹上西安找他的一个学生马学良,跟他全家一起去重庆。他已把路费寄给了马

我的播音路

先生。我把拖欠的医疗费还上，并谢了那位大夫，和妹妹走向西安。

（七）

来到西安东面灞桥附近的马学良先生家，我们受到了亲切接待。马先生的父亲说，魏建功先生是他儿子的恩师，魏先生嘱办的事一定要办好。马学良先生是中央研究院历史语言研究所的研究人员，是第一个进入彝区的科学工作者。这次回西安是接他的夫人和几个月的孩子去重庆，我们就与他一家同行。在路上，马先生向我们讲了他第一次进入彝区时的传奇经历（听说新中国成立后他是中央民族学院的资深教授）。在马先生的建议下，我们买了汉中平原产的优质棉花，把被子絮上，这就是我们唯一的行李了。

这次不是逃难，情况当然不同，先乘火车到宝鸡，然后坐长途大巴走川陕公路去四川。

川陕公路那时好像是川陕间的唯一通道，要穿过秦岭和大巴山，道路崎岖难行，时常发生车祸。幸亏我们这辆车的司机走过滇缅公路，对走山路有经验。那时的车都比较破旧，需要时常检修。我们的司机总是在风景比较好的地方停下来，让旅客下车休息一下，他自己则钻到车下面修车去了。

记得有一次在大巴山区，看到一处悬在岩壁上不小的庙宇,很是壮观,有人说那是张良庙。在路过"一夫当关,万夫莫开"的剑门关时,车停了,我和妹妹下到涧底的溪水旁,坐在石头上洗脚,"咱们这是'濯足剑门关',也算是一件豪放的事吧"(前两天我才知道,在这里有曹丕'濯足'的古迹,现在已被水库淹没了)。但公路太险了,稍有不慎就会发生险情。一次,我们的车正向上爬,走过一个呈锐角的山角,根本看不见前面的路,忽然一辆下行的车迎面而来,距离已很近,我方司机赶忙踩刹车,车向后一滑,一只车轮已悬空!全车的人都下来排险,经过近一小时的努力,悬空的车轮总算回到公路上,大家长出了一口气。看看右边百米多深的山岩下,一辆大卡车翻倒着,据说是花纱布公司的车。

　　山势逐渐缓下来,终于驶进四川盆地,重庆就在前面了。到了重庆,我们谢过马先生,找到了我们要去的刘姐姐家。

(八)

　　刘姐姐是父亲在译学馆时另一同窗刘老伯的女儿,我们全家曾参加过她在北平的盛大婚礼,父亲来重庆开参政会时也时常住在她家。她告诉我们,父亲临走时给我们留下一块蓝色的布,可以做两件罩衫。开始,我们身着从河南穿来的土布衣裤,在大街上竟遭到流氓用石块投击。真没想到这个战时首都对战区来的人竟这样不友好,心里很不是滋味。直到

我的播音路

我们穿上用父亲留下的布、自己手缝的长袖旗袍,才免去了这种遭遇。

到重庆不久,迎来8月15日本投降日,整个城市沸腾了,我们也跑出去加入欢庆的人群。但不知道母亲、生病的哥哥及弟弟妹妹的情况,寄回家的信也石沉大海,我们心里还是沉甸甸的。

二姐王碧书带着她的大女儿由江津来到重庆,她要带着我们三个去沙坪坝考学校。经过一番周折,我们那两寸宽油印纸条的学籍证明才被确认,学校同意我们报名。我们同时报考了重庆最好的公立中学:中央大学附属中学(中大附中)和有名的南开中学。我在南阳女中已读到高二,因高三不招插班生,我只能考高二。结果妹妹和外甥女两校都没考中,跟着二姐回江津,进入那里的国立九中。因为那时的国立学校是不收学费和饭费的,只要成绩合格就可以进入。我虽然被两个学校同时录取,但因交不起南开的学费,只能进中大附中。

中大附中这座名校,校舍非常简陋,它坐落在层层梯田上。教室在上层,用竹篾编成的墙,上抹一层灰,房顶是单瓦片铺成,坐在教室里可以看到天。宿舍在下面,一个大房间,排满了密密麻麻的木制双人床。用的水由工人挑来,倒在一个大水缸里,完全是黄泥汤,缸中有一个盛有明矾的粗竹筒,需要拿它在缸中使劲摇搅,等泥沙沉下去后才能用水。由于吃的是谷子(没脱壳的米)、稗子几乎各占一半的糙米饭,学生们只好一边往外拨一边吃,吃完饭后桌上会留下一层谷子、稗子。同学们说,若把这些谷子、稗子吃到肚子里,很容易得盲肠炎。

学校没有围墙,门口是个竹篱笆;没有操场,因此没有体育课;没有英语教师,当然也就没有英语课,以致我在进入大学时,英语只是初中水平(在南阳女中时,全城几个男女中学只有一个英语教师,还因卖进步刊物《展望》而被捕了)。

过去在学校里只是读书,这里不同:小道消息满天飞,什么蒋介石的风流轶事……财政部长孔祥熙的女儿是蒋介石的私生女……孔二小姐怎么操纵金融股市等。这就是国家领导人?!

我们班里有个男同学推销《新华日报》,我和同桌订了一份。有时报纸不来,因报童被打了。不久,公民教师又被捕了,据说是共产党……

国家民族的前途在哪里?我迷茫,我痛苦……

我没褥子,被单下面只有一件薄棉衣,不平整,查内务时不合格。三次不合格记一小过,学习总成绩扣一分;三次小过记一大过,三次大过就开除!结果,学校竟陆续给我记了两大过、两小过,成绩总评扣8分,操行得了"可"(操行分五级:优、良、中、可、劣)。当我的入学保证人韩儒林先生(中大教授,新中国成立后曾任南京大学副校长,明史专家,我父亲的

我的播音路

学生)告诉我学校这一通知时,我气坏了!一向以品学兼优的高才生闻名于学校的我,感到受到莫大的侮辱,战时首都的名校竟这样对待战区来的穷学生!

中大附中在政治上是相当开放的。它曾根据国民党的部署组织学生参加反苏游行,也允许学生在校内推销《新华日报》。当共产党的领导人周恩来在重庆大学做公开演讲时,校方也公示,允许学生自由前去听讲。我和几个同学去了,虽然挤站在大厅的最后,听不清演讲的具体内容,但周恩来慷慨激昂的形象却给我们留下很深的印象。

母亲的电报告知我哥哥去世了。我痛哭失声,以致晕倒。

星期日,我经常渡过嘉陵江,到对岸的磐溪去,有时有同学陪伴,有时只有我自己。四望无人,躺在磐溪瀑布旁的大石头上,高声唱着《嘉陵江上》,歌声被瀑布的涛声淹没,我感到一丝轻松和痛快。有时我也爬到大石头上面去,到徐悲鸿画室去看画。有一次,嘉陵江发大水,学校出布告,禁止过江,但我还是去了,掌管摆渡的艄公虽然尽全力向上游划,但到对岸时还是被江水冲下两里多路。

放寒假,同学们都回家了,全校只剩下我和高三一位女同学,她是个孤儿。白天,我一般到街上的沙坪书店去(就是《红岩》中写的那个沙坪书店),站在角落里,背靠着书架看开架书,有时也租书回去看。寝室里臭虫又大又多,现在几十张床的臭虫都向我进攻,弄得我狼狈不堪。

过年了,我到几个熟人家中拜年,他们一般都用炒糍粑(年糕)来招待我,这和北方吃的甜年糕很不一样。开学时,有几个同学也从家里带年糕给我。但我短时间内吃了这么多黏食,引起胃病大发作,胃疼难忍,在床上打滚,后来竟昏了过去。学校用滑竿把我抬到沙坪医院,打了吗啡针才把疼止住。

父亲曾在开参政会期间来看过我一次。他说,开会时,国民党和共产党各认各的理,什么问题也解决不了,"我这次本不打算来,是因想看看你才来的"。他除去带我看他的老同学乔老伯外,还去了也住在沙坪坝的张申府先生家(《资本论》最初译者)。

1946年的暑假放得特别早,因各学校都要迁回原地去。过一段时间,父亲也要到重庆来,带妹妹和我回北平。在他来重庆前,我抽空去了一趟江津白沙红豆树的二姐家。乘小轮船沿长江逆流而上,过了惊险的"石门",不久就到了。见到二姐一家和久别的妹妹,我很高兴。除了二姐夫魏建功外,我还见到了在北平的老邻居李霁野,他已是满头白发(新中国成立后他曾任天津市文化局局长,后于南开大学任教)。还见到过去常听说却没见过的台静农(后出任台湾大学教授,终老于台湾)。这三位先生说起,几年前,父亲来这里看望二姐时,曾去拜访他北大的老同事、也是老领导的陈独秀先生。两位老先生不知为什么问题高声大嗓地辩论,声震屋宇,以致他们这几位晚辈直担心:两位如此大岁数的老人这样激动,身体该不会出什么问题吧。我到红豆树时,陈先生已经去世,我无缘见到这位老前辈。

这期间,二姐带着她的三个孩子和我们姐妹,曾去重庆南温泉附近的南山,去拜望庄严(尚严)先生。庄先生是故宫博物院的工作人员,曾是我家在北平后门西皇城根时的邻居。为防止日寇掠夺故宫宝物,他带着一大批宝物几经辗转来到重庆。他独自一家住在远离人烟的南山的一个大山坳里,常年守护着那批宝物,见到我们去看他,当然非常高兴。这次拜访后我再没见到过庄先生。当几年前在一个介绍台北故宫博物院的电视节目中见到他的身影时,他已去世。他的儿子说,他父亲临终前的最后一句话是:"我生平最大的遗憾就是没能把这批宝物带回北平。"

不久后,父亲到了重庆,带我和妹妹住在欧美同学会,等能送我们离开的交通工具。在天气晴朗时,我和妹妹就去山顶跳伞塔跳伞。那时交通工具很紧张,因此等了一段时间后,我们才分批次乘飞机回北平。父亲住在北平研究院所在地——中南海怀仁堂西四所(我曾陪父亲在那里住过一段时间),我们姐妹住在朝阳门大街的舅母家里。虽然见到母亲和弟弟妹妹,有一个真正的家是一年多以后的事,但这一段流离生活总算结束了。

这个暑期,我决定跳级,以同等学力考大学物理系,我参加了高考。虽然临考前三天,我因中暑晕倒在街上,但还是被录取了。后来父亲带我去他熟识的医学博士处,问我为什么这样容易晕倒,医生说"恐怕是因得回归热而烧断了某根神经所致"。这个问题后来困扰我很多年。

这段逃难生活对我人生轨迹的影响极为巨大,它奠定了我在南开大学参加民主运动、接受革命思想的基础。

2015 年 7 月 28 日于北戴河

我的播音路

开封　黄河

　　1933年初夏,我刚在北平西郊温泉村,进入村里小学一年级(那时村里小学不放寒暑假,而是在农忙时放麦假和秋假),突然大人们都不安并惊恐地谈论着一个消息:"日本人已打到长城古北口(现属北京市密云区),怕是要打北平吧!"娘着急了,连忙带着我们四个兄弟姐妹回到城里后门(地安门)西皇城根的家。城里不时传来隐约的炮声,整个城市的人们都陷入惶恐不安中。娘和爸爸商量后,爸爸决定让娘带着孩子到外地躲一躲,爸爸因公务在身(当时他是北平师范大学校长)不能离开。

　　到哪里去?老家河南唐河县离北平太远,不通火车,也没有可投靠之人。最后决定去开封二舅家(我母亲的堂兄)。就这样,我们兄弟姐妹第一次离开了生养我们的北平,奔赴当时是河南省会的开封。先乘平汉线火车至郑州,换乘陇海线。两岁的弟弟不停地哭闹,大家都不安生。

二舅家在双龙巷,是一处较大的宅子,二舅住正院,我们借住在前面一个偏院的三间南房中。院中搭有相当高的天棚,可能是为消夏乘凉用的。哥哥和我进入开封省立五小。

一切都是生疏的。开封给我们的印象是荒凉、凋敝。有名的龙亭,据说是北宋皇宫所在,这怎么可能呢?它连北平的城门楼子都不如,更不用说颐和园的排云殿和故宫了!为了显示勇敢,爬铁塔还有点意思,但我们爬了两三次后也就兴趣索然了。对我们有吸引力的地方只有一处:城门(好像是曹门)外的大沙丘,四顾无房无人,只有一个约两丈高的大沙山,爬上去,从上面滑下来,比北海儿童体育场的滑梯好玩多了,而且孩子无论大小都可以玩,没危险,这也就成了我们常来的地方。开封的西瓜特别大,而且都是沙瓤的,这让我们这帮孩子很开心。不料,不久又出了一件事,使我们陷入更大的恐慌中。

一天,二舅慌慌张张地跑来跟娘说:"四妹,不好了,黄河上游来的水,水头很高,离堤顶只有三四尺,怕是要开口子,你赶紧做些准备吧。"娘一听,着了急,黄河开口子,那可是大灾呀!因为她知道,黄河在开封这一带是一条悬河,即悬在天上的河,水面比开封城高出很多,一旦开口子,开封城就会变成一片泽国,不知要死多少人!

怎么应对?娘先让人用粗木棍和木板扎了一个有双人床大小的木筏,准备让全家人坐在上面,可以在水面上浮起。一张梯子竖在房檐边,准备上房。如果水太大,还可以从房顶爬到天棚上去。娘还蒸了好多馒头,装在空面袋里,还有些咸菜,包了一大包孩子的衣服……

在这样忙乱的同时,街上却很热闹,每天都有鞭炮声。出去一看,只见很多人簇拥着一个用香炷垒起来的有六七尺高的小塔,上面还有些红绿纸旗,说是去黄河边"大(dài)王庙"烧香许愿的,求大王爷保佑黄河不要开口子。这样的队伍,有时一天过好几个。娘叹了口气说:"老百姓好可怜啊,没人治得了这个黄河,只好烧香许愿求大王爷了。"又说:"忙过这几天,我带你和哥哥去黄河边看看。"

爸爸和娘从来就注重让我们认识自然与社会。在北平时曾带我们爬长城,去荒无人烟、布满荆棘、御碑倾倒的土城(现元大都城垣遗址公园,全国文物保护单位);去通州二闸看古运河(又是一处全国文物保护单位,世界文化遗产);去西山深处的"仙人洞"看钟乳石,路上还采集到几片带有生物印记的化石;到西郊六郎庄看稻田……现在在开封,当然得去看黄河了。

看黄河,先得出城。走到城门口,只见城门洞两边已从下到上用沙包堵死,只留中间一米左右可以走人。记不清是怎么到的黄河边,可能是坐牲口拉的大车过去的,因为有不少人到那里去烧香。一下车,前面近百米处有一道两三丈高的土墙,比城墙还要高很多,我得仰着头看,这就是黄河大堤了。

堤顶堆了很多秫秸捆和石头,在堤顶来回走的壮男子,看着比火柴棍儿大不了多少,普通人是不能上堤的。说是看黄河,其实就是看这道大堤,只能隐隐听到水流的声音。堤下也堆着一些秫秸捆。地裂着大口子,看来河水曾溢出来过,后来又干了,才裂了大口子。面对这一切,我害怕了:"这河在这么高的地方,要是开了口子,河水一冲而下,那还了得!"

看了会儿,我们跟着人流来到大王庙,那是距大堤有百多米的一座小庙,有一个小院子。院子里有烧香塔的,有放鞭炮的,不少人在那里磕头祈祷。爸爸和娘都是无神论者,从来不信神鬼,也这样教育我们。为了让哥哥和我长点儿见识,娘说:"不烧香的人不许进殿,我去买炷香进殿烧香,你们俩跟着进去看看这'大王爷'是怎么回事。"殿内有香炉、供桌,桌上摆着供品,再上面有一个长条几,中间供着"大王"。趁着娘跪拜之时,我和哥哥仰头看去,只见有一条金色的小蛇,蜷卧在一个瓷盘内,仰着头,任凭信众参拜。怎么,大王爷竟是一条小蛇!它怎么能治水呢?连我都不信,更甭提哥哥了。在北平温泉村时,我曾见过他和小伙伴徒手捉蛇,他们把蛇皮撸下来,围在腰间,说是"凉快",当然,最后是由他的小伙伴把蛇皮卖给收中药材的商人。哥哥连蛇都敢捉,怎么会相信蛇会治黄河开口子呢!

十几天后,二舅喜笑颜开地找娘来了:"四妹,放心吧,最后一个水头过去了,离堤顶二三尺。过去了,今年不会开口子了!"总算一块石头落了地,多日的恐慌也过去了。但它在我少年时代的心里却留下了深深的烙印。

长城抗战打胜了,北平的形势缓和下来,我们离开了让人恐慌的开封,又回到北平。

开封,给我留下如此深的印象,以至于多年后,当第一次看到《清明上河图》的时候,我惊呆了:这是我曾到过的开封么?太不可思议了。只见一条河流缓缓地流着,河上十几艘大小船只来来往往;虹状的拱桥上,不但有密密麻麻南来北往的行人,还有不少车、轿;河流两旁是鳞次栉比的各色商铺和贵族的豪宅;巍峨的城门楼前,有来自城外的小商贩,还有来自远方的骆驼队……多么富足,多么繁华,令人向往。如果说这幅画是北宋时期东京汴梁城的真实写照,那又怎么会变成我看到的那个样子呢?这个问题在我心中存了好多年。直到有一天,我在《中国国家地理》(2002年8月)杂志上看到一篇有关考古成就的文章,才真正解开了这个谜团。

《黄河去复来,开封城摞城》,这是文章的标题。文章开篇写道:"开封地下叠罗汉似的摞着6座古代城池,其中3座是国都,有1座便是当时世界上最大最繁华的都市——北宋东京城。"我一口气把这篇文章看完。了解到:那时的东京有4条运河、33座桥梁、4条御道(宽约200多米,可媲美如今的北京长安街),以及巍峨的皇宫、壮观的城门……当年这里的人口有160万!作为北宋王朝的首都,这里除了被女真人

(金)的铁蹄踏碎之外,更大的灾难就来源于黄河:在近2500年间,黄河大改道26次,平均百年一次。黄河远离开封时,黄河通过汴河(就是《清明上河图》中的那条河)滋润着开封,使开封成为水陆交通的重要枢纽,进而成为国都。而当黄河逼近开封并淤塞了汴河之后,开封便不可逆转地衰落了。从金明昌五年(1194年)到1949年的近750年间,黄河在开封境内决溢338次,平均每两年决口一次,让开封城15次被淹,多次遭遇灭顶之灾!——天哪,平均每两年决口一次,我们在的那一年没决口,该是多么幸运啊!明崇祯十五年(1642年),为退李自成农民军,明朝官员决开黄河大堤,碰上大雨连绵,开封城全部被淹。大水过后,"黄沙白草,一望丘墟",全城37万人,仅剩下两万多人!清雍正十二年(1734年)在废墟上重建开封城,这可能就是我所见到的开封了。

黄河曾激起我各式各样的情绪。少年时在开封见到它——恐惧;1943年回老家河南南阳,途经黄泛区,一望无边的黄水,不见村庄和人烟——悲哀。1947年,当南开大学公开演出《黄河大合唱》时,不知鼓舞激励了多少天津学子,指挥就是后来成为我丈夫的韩里(韩敬庸),这恐怕也是国民党要逮捕他的罪名之一吧。我六十几岁时去宁夏银川开会,见到黄河水滋润的富饶的河套地区:渠道纵横成网,水网以内树木成行,稻田碧绿,真个是"塞上江南",特别是"秦渠""汉渠"现在还在利用,你不能不佩服古人的高度智慧。而水网之外

我的播音路

是高耸的祁连山和浩瀚无垠的腾格里大沙漠,水网内外反差之大使人瞠目!无怪乎人们说"黄河百害,唯富一套"了。看过这富足的"一套",那这个"百害"又怎么治理呢?

　　20世纪50年代,听说在原来开封"大王庙"一带建起了虹吸管工程,缓解了"开口子"的危险,令人欣慰。三门峡水库是一个更大的工程,它让著名诗人贺敬之诗兴大发,"望三门,三门开,黄河之水天上来……"气势磅礴,令人振奋。我76岁的老娘竟兴奋地与她三个外孙女比赛背诵这首长诗!最让我兴奋与终生难忘的是小浪底水利枢纽工程的建成。那次大坝合龙的电视直播,我不转眼珠地由头看到尾,倾听着主持人对工程功能的描述,那感觉不仅是"如释重负",简直是欣喜若狂了。这个千百年来祸害中国人民的黄河总算受到管教了!中国人以后再不必时时为黄河担惊受怕了,如今的年轻人再不会见到我小时候见到过的"可怕"的开封了。

　　以后又有了"引黄济津"工程;不再南北移动的黄河出海口,还冲积出大片土地;免除了黄河之祸的河南省,已成为全国小麦主产区,每当麦收时节,千百台联合收割机在无边的金黄麦浪中轰鸣着、歌唱着;壶口瀑布,中国的旅游胜地,中国人民不屈的象征。黄河,已变害为利!

　　黄河——中华民族的母亲河。

2015年7月13日于北戴河

奔向光明

奔向光明[*]

解放战争进入大进军阶段,被毛泽东主席称为第二条战线的学生运动开展得如火如荼。国民党反动派气急败坏,要对进步学生下毒手:成立特刑庭,公布黑名单,进行大逮捕。这件事发生在1948年8月。

放暑假了,我的男友韩敬庸(韩里)像往常放假一样到北平来看我。那天我们俩带着几个年幼的亲属,骑着自行车,准备去颐和园。不料刚走到海淀镇就遭到警察的扣留,理由是"骑车带人"。我着急了,怎么办呢?我想这里离清华较近(那时的北大,在城内沙滩的红楼,如今的北大是当年美国教会学校燕京大学的校址),去那里找人作保,让公安局放人吧。于是我和韩敬庸骑车往清华园的路口走去,到路口一看,情况有些异样,路上没人,却有几个警察围在一张桌子旁。我对韩敬庸说,你在这里等一等,我到前面看看是怎么回事儿。警察

---

[*] 应母校南开大学刘焱同志之约而作。

让我停下,问我去干什么,"去找人","拿出你的学生证",在查看了桌上的名单没有我的名字后说,"你回去吧,清华不能去,正在捕人"。我一惊,赶快和韩敬庸回到海淀镇,带着那一帮年轻人,往回家的路上走,中途买了一张报纸,上面登着黑名单,在南开大学一栏下,"韩敬庸"的名字赫然在目!我惊出一身冷汗,好险啊!如果在清华路口他跟我一起往前走,岂不是自投罗网!韩敬庸带着不安回他哥哥在北京大学医学院的宿舍去了。第二天,南开大学的一个进步同学到家里来找我,"告诉老韩,千万不要回天津,那里几个车站都有警察等着逮捕他呢"!不回天津,没有组织的安排,怎么去解放区呢?万般无奈,只好靠他一个曾做过国民党下级军官的族兄,冒着危险,把他送过了界。临行前最后一次见面时,他一身国民党军官装束,戴着墨镜,我差点儿都认不出他了。

没想到的是,"黑名单"替我解决了一个家庭中的难题。我的妹妹徐杬岐(王忱)正好高中毕业。一放暑假,她直接从北平贝满女中(陈布雷的女儿在这个学校任教)去了解放区,这大大出乎我母亲的预料,母亲逼着我要人:"你二妹一向听你的,准是你把她放走的。"其实妹妹在北平,我在天津,根本不是一个组织系统,因为是在地下,我们互不知彼此的组织身份。但这一切都不允许向母亲说明,我只好乖乖地听着她的严词责问。黑名单一出,她老人家的态度有了180度变化,一下子高兴起来,"你二妹幸亏走了,不然她这次不也危险了吗"？一场风波就这样过去了。

韩敬庸走了，虽然我在感情上有些空落落的，但思想上丝毫没有畏惧之感。上个学期，在民青组织的培养教育下，我陆续秘密地学习了毛主席的《新民主主义论》《中国革命和中国共产党》《论联合政府》《论持久战》《目前形势和我们的任务》《整风文献》等著作。我知道，目前国民党反动派对进步学生的镇压只不过是垂死挣扎，这丝毫挽救不了它必然失败的命运。但我还是牵挂着校内上了黑名单的同学的处境，他们是否逃脱了黑手？

开学回到天津，我的组织领导杨思复同志告诉我，虽然有部分同学被捕，但大部分已去了解放区，这让我放下了心。

组织上给我为组长的民青小组安排了两位新成员，他们都是当届学生自治会理事。"你当过学生自治会的理事和女同学会主席，便于帮助他们开展工作。"

学校中公开的进步社团照常开展活动，但在加强了的白色恐怖下都提高了警惕性。我的男友韩敬庸，原是最大的进步社团"南星合唱团"的总干事兼指挥，现在他去了解放区，他们把我吸收为干事会成员，和潘少瑚等一起研究如何进一步开展工作。这样我除了是"新诗社""虹光话剧社"及理学院的"自然社"的成员外，又有了"南星合唱团"的干事工作。当然，大部分时间还是要投入专业学习，虽然理学院学科的作业不像工科压力那样大，没有"工程画"那样费时费力，但动

我的播音路

脑筋却一点不少,何况我还选修了数学系的课程(再在南大读下去的话,我很可能转入数学系,我的民青介绍人之一就是数学系教师胡国定同志)。

这期间还出了这样一件事,我父亲因病需要动手术,奉母亲之命,我回了一趟北京。当几天后我回到学校时,还没进校门,迎面碰见女同学赵凯:"你不能进学校,太危险了。这几天芝琴楼(女生宿舍)疯传,你去解放区找老韩去了。"我谢了她的好意,还是进了学校,当天就与组织接上了头。

一天傍晚,杨思复同志来了:"据说你的名字在第二批黑名单内,特务今天夜里可能捕人,你必须马上离开芝琴楼,找一个地方藏起来。今天夜里如果没事儿,你明天再回来。"到哪里去?我想了想,在教工宿舍西柏树村,有一位教师是我父亲的学生,他不问政治,没人注意他,于是我就到他家里躲了一宿。这样的事不止发生了一次,情况越发严重了:"今天晚上你必须离开学校,到校外住。"怎么办?女同学李淑萱(李莉)说:"我带你去老宋家吧。"老宋是韩敬庸的发小,"南星"骨干,拉大提琴的宋学謇(苗晶),他已经去了解放区(新中国成立后他对我说,是跟傅作义的女儿傅冬菊一起去的)。到他家,他的妹妹正在紧张地烧一些文件,看来她也得到了同样的消息。

11月初,杨思复同志介绍我加入了中国共产党。宣誓的地点在无人的、被日寇轰炸成废墟的男生宿舍(俗称"太子宫")。在一片东倒西歪的水泥块中,没有党旗和任何标识,我举起右拳,随着杨思复同志的引导誓词,进行了宣誓仪式。监誓人是何修华(王强)同志。现在我是一名共产党员了,我要坚定地跟着党走下去,不屈不挠,永不褪色。

斗争是复杂的。一天晚上,杨思复同志拿着一卷大字报找到我:"这是一张重要的大字报。你要在明天清晨把它贴在'胜利楼'(学校的行政楼)一进门儿的布告牌上,注意隐蔽,不要被别人看到。"按照他的指示,我这样做了。没想到杨思复同志上午来了,一改通常那样和蔼可亲的样子,板起脸责备道:"大字报你怎么没贴?!""我贴了呀?"他看我说得很诚恳,没再批评,走了。到了晚上,他又来了:"经过调查,你的确贴了,但被'北系'的同志揭掉了。"他向我解释说,校内的党组织有"北系""南系"两个系统(后来我知道还有其他系统),有时,斗争策略有所不同。这次就是"北系"的同志看到大字报的内容与他们的斗争策略不相符,所以揭掉了。没想到以后发生的事就发生在不同的系统之间。

我们民青小组的男生向组织提出想去解放区,组织认为他的身份没有暴露,又是当届自治会理事,应该留在学校坚持工作。但是过了一段时间,出乎意料的事发生了。一天傍晚,杨思复同志找到我,很严肃:"他竟不顾组织纪律,私自打通'横'的关系去解放区,中途被捕了!这是当地地下组织刚传来的消息。为了组织安全,你作为他的小组长和他的组织介绍人朱竹英(我是她的民青介绍人)必须离开学校,撤到解放区去。明天前两节课照常上,第二节后离开学校,到一处可靠的地方住下来,等待组织安排去解放区。"又问我在天津有什么可靠住处,"只有韩敬庸家,我去过,是一座独立的不起眼的二层小楼,可以住"。他记下地址,走了。

第二天的第二节课,是朱剑寒教授的"理论化学"课,正赶上有关"原子能"的课堂测验。我在看到试题后,迅速写好计算式,没有计算数字答案就交了头卷,紧接着朱竹英及知道情况的张来苏和沈西林也交了卷。我们到宿舍换好衣服,就神不知鬼不觉地离开学校,去了老韩家。

傍晚,杨思复同志来了,要我们去谦德庄一个小巷子内照当时可取的一寸无底片半身照,以便制作假身份证。第二天他取走了照片,并告诉我与组织联系的地点与暗号。

两天后的下午,民园体育场南看台上一位男子坐在那里,手里拿着一份《益世报》。我走过去,说了接头暗语,他一抬头,我惊喜地看到,竟是熟悉的韩敬庸的同系同学刘焱同志!他把我带到民园南侧的一座二层小楼内,那里似乎只有他一个人。他把已经做好的假身份证交给我,让我记住证上的假身份:我和朱竹英,是农村的一对姑嫂。我是嫂子,我们是回界那边的家里去。过界时一切应答都是我的事儿,朱竹英躲在我身后就行了,因为她是南方人,一说话就会露馅儿。除了朱竹英,我还要带另两个人一同走:南开大学进步英语教师辛毓庄和他的女友李淑萱。我的任务就是把他们安全地带入冀中解放区。

按照组织安排,我们将从天津西站出发,因为那里比较僻静,不容易被敌人发现。和辛毓庄、李淑萱汇合后,我们乘火车到陈各庄下车,起早,乘牲口拉的大车走,中途要住一晚,到闸口过界,就进入冀中解放区了。

路走得相当顺畅,只中间住的那一宿有些尴尬。那是一座农村大车店,连通两三间房,两侧各有一个炕,旅客不分男女,都在炕上休息。我在1943年从北平回河南老家的时候,曾经住过这种店,不觉得奇怪,而和我同走的那三位,却是第一次见到这阵仗,有点为难。我说:"没关系,咱们住挨着门的最外头儿,老辛在里面跟其他男旅客相邻,咱们三个女生顺次躺下,我在最外边不就成了吗?"就这样,我们度过了这一宿。

到闸口哨卡,我们按组织安排应对,安然通过。

一进入解放区,我们精神一振,"到家了"!兴奋、愉快,从来没有过的感觉,唱着歌走吧!

到沧州,就是林冲发配的那个沧州,现在已经"换了人间",找到"建设公司"(华北局城工部),说了接头语"找高棠同志",就被接了进去,我的任务完成了。

更换革命名字时,我毫不犹豫地写下"徐恒"二字,"恒"是我死去哥哥的名字,"恒"也表示我将革命进行到底的决心。我们换上没有领章和帽徽的解放军军装,一进大院,一下子看到那么多熟悉的同学,既有些出乎意料,也在意料之中。是啊,解放战争已进入大进攻阶段,要进入一个个大城市,需要准备多少熟悉城市生活的干部啊!

到泊镇(现在的河北省泊头市),我见到更多的从北平、天津出来的同志,其中有我的初中同学、热诚单纯的冯宝岁(庞大)。有人指给我:"你看那个个子不高,非常活泼的是陈布雷的儿子!"陈布雷,蒋介石的"文胆",子女都是共产党人,他怎么能不以自杀了结呢!在这里我还看到几个更加熟悉的芝琴楼的女同学,樊巧、陆昭、翟秀莲……她们是早期到解放区的,一个个都胖了,脸又圆又红。但没有见到我最想见到的韩敬庸,直到平津战役结束,他从北平到天津来找我,我们才得以重聚。他说我到解放区的时候,他已是华北大学文工三团的音乐队长,正在排话剧《红旗歌》呢。

在泊镇,从天津及北平来的同志各组成一个大队,分成小组学习党的城市政策。领导天津大队的是兰铁白同志。我被吸收进以兰铁白为首、有李鑫参加的一个三人小组,在南开同学中发展新党员。

1948年12月,平津战役前夕,我们要分别向平津两地进发了。领导号召南开同学尽可能去天津,我的家虽在北平,我也毫不犹豫地加入去天津的队伍,向白洋淀边的胜芳镇(现在是雄安新区的腹地)进发。一路上经过的村庄有村干部站在房顶上,拿着喇叭筒进行土广播,传递着胜利的消息,我们则唱着"打到南京去,活捉蒋介石",斗志昂扬地前进。这时,我在抗战中逃难时练就的"铁脚板"起了作用,走得很轻快,经常能与打前站的同志一起到达目的地。

在胜芳,过了1949年新年,组织开始分配进城后的工作,我被分配到天津新华广播电台,做播音员。第一篇分到我手中的广播稿是一篇社论,老同志们看了都说,"这一定是毛主席亲手写的,只有毛主席有这样犀利的笔锋"。我无比兴奋地学习并准备起来。

1949年1月15日,解放军解放天津的脚步越来越近,在硝烟弥漫中,我们进入天津。播音室中传出我激动的声音,"天津新华广播电台,现在播送新华社元旦社论:《将革命进行到底》"。

2017年于北京

播音生涯

创业天津(1949—1954)

一、源起

母亲曾经问我:"你从小就喜欢数理,学的也是物理,怎么现在干起语言方面的事儿了?"大学新诗社的同学也曾问过我几乎同样的问题。我说:"是你们造成的呀!"他先是一愣,想了一下,"确实如此。"为什么这样说呢?1946年,在第一次学生运动中,我除了进行街头演讲外,还在进步社团"虹光话剧社"准备演出独幕话剧《凯旋》。剧团负责同学找到我:"请你担任幕前幕后的朗诵。"这是我第一次听说"朗诵"这个词,没想到我的朗诵一炮打响。若干年后,当时是南开中学学生,听过我这次朗诵的一位同行庞啸对我说:"看话剧时,我没掉眼泪,是你的朗诵使我的眼泪一下子夺眶而出。"此后,一些重要的朗诵工作几乎都由我担任。我们会组织朗诵剧、配乐诗朗诵,成员有艾青、田间、何其芳,还有同学中的诗人苏夫等,我成为新诗社的朗诵组长,这就是在解放区白洋淀畔的胜芳分配进天津城以后的工作时,同学们推荐我到广播电台播音的直接原因。我以前从没接触过朗诵,怎么就能在朗诵上一炮打响呢?这和我在家庭环境下受的教育和社会经历有关。我上的市立小学有"说话课",也就是课堂演讲。"七七事变"的时候,我11岁,北平沦陷后,我因患结核性肋膜炎,卧病在床一年半,休学两年半。因为我得的是传染病,小朋友和弟弟妹妹都不能接触我。一个十一二岁的孩子躺在床上干什么?只能看书。有时候实在寂寞,也读出声来给自己听。在家休养的一年,我起床后,就把我看书觉得有意思的故事讲给弟弟妹妹们听。放暑假了,每天都讲,讲什么呢?比如长篇小说雨果的《悲惨世界》第一部《可怜的人》。这种经历,初步锻炼了我的语言表达能力。初中一年级,我作为班级选手参加校内的演讲比赛,不写讲稿,只打"腹稿"就上了台。更重要的是抗日战争后期,我在国民党统治区的经历,特别是在日寇追赶下千里逃难的凄惨遭遇,使我对国民党丧失了信心,渴望见到黎明的曙光。因此,当我第一次接触朗诵时,有"直抒胸臆"的感觉,感情爆发了。

二、开始

  1948年秋,平津战役前夕,党组织为了给解放后的大城市准备干部,从平津各大学,包括北京大学、清华大学、南开大学、燕京大学等,抽调了一大批地下党团员和进步学生,送他们到解放区进行培训,我也是那一时期从南开大学到冀中解放区的。在解放区,大家经过短期培训,学习城市政策后,被分成了去北平和去天津的两个大队。去天津的主要是南开大学的同学。在白洋淀旁的胜芳分配具体工作时,我被分到广播电台,做播音员。广播电台的班子,除了一位原天津台①的地下党员外,其他人都没进过电台,不知道广播是怎么一回事儿。很少几位老同志是从解放区报社过来的,有新闻工作经验,其余就是我们这些大学生。分来做播音工作的,有我们南开大学的三位女同学,还有一位原燕京大学"燕剧社"的男同学。播什么? 每人各有分工,我被分配播新华社元旦社论《将革命进行到底》,其他同志有的播《中国人民解放军宣言》,有的播《三大纪律八项注意》,有的播天津解放后军管会的第一份公告。怎么播? 我们全体人员去了第四野战军的电讯处,因为在那里可以听到陕北新华广播电台的广播。我们专心地听着:从开始的台名呼号,到播音内容表达以及速度。台长用秒表计时,他们每播一个字,在纸上点一个点,计算下来,每分钟有150个点,也就是150个字,这就是我们应该掌握的速度。从拿到稿件时,我们就听老同志说,这篇《将革命进行到

---

① 天津台:1949年1月15日,"天津新华广播电台"开始播音,5月18日,更名为"天津人民广播电台"。以下简称天津台。

底》,一看就是毛主席的手笔,一定要播得铿锵有力,有毛主席的独特风格。听到这样的介绍,我感到振奋,当然也有压力。我开始认真阅读学习并思考起来。显然,这是一篇指明革命方向的关键文章,极有特色与说服力,我该怎样才能播得有声有色呢?在向宣传部领导试播后,我们就等着解放军打天津了。

1949年1月14日,解放天津的战役打响,我的一位男同学,王予同志,随先头部队去接收天津广播电台。我们随后乘卡车出发,遇敌机轰炸就跳下车,匍匐在路旁,到天津郊区以后,下车步行绕开已画上标记的地雷阵。担架队从前线往后撤,我们跟送给养的大车共同前行。进入城内,正中书局的大火还没完全熄灭,路边还有没处理完的尸体,我们进入已被接收的广播电台。电台的技术部门有一位地下党员同志,他对我们说:"你们进入播音室,看面前的信号灯,绿灯是准备信号,一见红灯亮,就可以开始播音了。"我是第一个播音的,一看红灯亮:"天津新华广播电台,现在播送新华社元旦社论《将革命进行到底》。"从此,我的播音生涯开始了。

三、探索前行中的第一次

一位敢闯敢干的领导,带着一批生龙活虎的大学生,其中还有一位清华大学航空系的助教(那时还没有航空学院,清华就是培养航空工业人才的基地），在天津这个北方最大的也是接受西方文化最早的工商业城市开始了创业活动，这就注定很多事情都是第一次。我被任命为播音组长。

有一次实况直播"庆祝天津解放群众大会"，工人代表上台发言，他的激情不仅振奋了广大天津人民，据说，远在陕北新华广播电台的工作人员也奔走相告："听到工人讲话了！"因为谁都知道中国共产党是工人阶级的先锋队，但从广播中听到真正的产业工人讲话，这还是第一次。

刘少奇同志来天津讲工商业政策，这是稳定人心、关系全国革命大局发展的事。为了扩大影响，我们选择了现场直播的方式。非常幸运，我是这次直播的主持人。

北平和平解放了，天津举行了声势浩大的"庆祝平津解放大游行"。解放军战士、各工厂各单位的群众都积极参加，他们手持红旗，打着横幅，扭着秧歌，喊着口号，一队队经过各主要街道。这是解放后第一次大规模的群众活动，那热闹的景象真是难以形容。由于需要当场实况解说，这可考验了我们几个播音员。我们设置了几个转播点，每人负责一个点的解说，没有事先的演习，也没有事先的采访，及时采访的稿件更是极少，全凭播音员边看边说。几个小时啊，我们总不能反复说那么几句形容词吧，可真犯了难。当时我在解放军解放天津时会师的解放桥旁边，天津最豪华的酒店"利顺德大酒店"门前。眼前的场景是那样恢宏，游行队伍的群众是那么欢欣鼓舞,怎么才能把这个场合生动地传达给听众呢？一向信心满满的我,却感到力不从心。不过这次不算成功的解说实践,也为我后来做国庆群众提灯游行的实况解说积累了一些经验,这一次总算从容了一些,有了些准备,播出效果也好多了。当然,还是出了不少漏洞。

解放初期,动员群众很重要,广播大会在这方面起了不小的作用。大会设有中心会场,分会场可以有组织地收听,及时把群众意见反馈到中心会场再播出去。如此反复,群众情绪越来越高。记得我主持的"和平签名"广播大会,因为效果突出,第二天上了《人民日报》的头条,这让全台人员受到极大鼓舞,我也被选为天津市青联委员。为了总结主持广播大会的经验,我还写了一篇短文章。

四、对谁播

天津这个仅次于上海的全国第二大工商业城市有众多工厂企业。职工是市民的主要成分,这就是我们广播的主要对象。针对当时职工的实际水平,电台设立了《工人政治讲座》《工人文化讲座》《李师傅谈时事》等节目。讲座用讲课的方式呈现。我记得有几次编辑写的《工人文化讲座》的稿件审核没通过,主编就把原始材料交给我,由我即时编辑播出。这锻炼了我脱稿播音的能力。《李师傅谈时事》是新闻性节目,设计为一位年长的工人和一位年轻女工的对话,对时事进行讲解。这种谈话式的节目,由固定的播音员播音,要求口语生动、符合人物身份。这个节目很受工人欢迎,李师傅也在工人中出了名。天津台的少儿节目非常受小学生的欢迎。它是由一位有经验的编播人员组织的。在这个节目的启示下,天津台又有了妇女节目、青年节目。这些节目有不同的对象,有专门的编播人员,也有不同的播音风格。

为了使播音更受听众欢迎,播音员经常下基层,到听众中去。去得最多的是工厂,纺织厂、卷烟厂、自行车厂、炼钢厂、轧钢厂等。在看到工人们挥汗如雨地在炼钢炉前工作的场景之后,我们又震惊又感动,而到了轧钢车间,我们更是惊呆了。进车间以前,工厂的技术人员告诉我们,车间内温度很高,工人们干活很危险,一定要镇静,可以远远地看,但不能谈话、喧哗。果然一进车间,一股炙烤的味道扑面而来,地上几条火龙盘旋飞舞,上面水龙头不停地喷水,而水雾时间便化成蒸汽。轧钢机前,工人们用长钢钳夹住从轧钢口窜出来的滚烫的火红的钢条,来一个180度转身,把它准确投入一个较细些的轧钢口。如果稍有不慎,火红的钢条接触到身子,工人非死即重伤。另外,这里的工作强度太高了。工人们15分钟轮一班,下来不停地喝盐汽水。这就是我们的服务对象。看到这些,我们怎么能不全身心地投入工作中去呢?在报道他们的事迹时,稿子上的字变成了活生生的场景,我们的播音升华了。我

我的播音路

就是因为总结播音员下厂的体验与收获而参加全国第一次广播工作会议的。

五、多方面的探索与教唱节目

天津台的编播工作在一个编辑部的统一领导下进行。因为人员少,播音员也兼写一些小稿件。记得我就是因《天津日报》采用我编写的国际常识"马歇尔计划"一稿而获得平生第一次稿费的。那时,播音员除播普通节目外,夜里还要向中央台发记录新闻。除此以外,我还兼播一个"教唱"节目。

新中国成立前,在大学校园中,进步歌曲曾培育了一代革命青年。在解放区,在行军途中,歌声不断。但刚解放的天津,却听不到革命歌声。电台决定办一个"教唱"节目。因为我爱唱歌,上大学时曾担任《黄河大合唱》的独唱,这个节目便由我主持。得益于我在小学时受到较好的音乐教育,识谱能力较强,拿到一首歌就能唱出来,所以教唱虽是我的兼职,却没有增加我多大的工作量(几十年后,我还曾教我已上大学的小儿子"五线谱")。非常荣幸,有几首至今还广为传唱的革命歌曲是在这个节目中首播,并由作曲家亲自教唱的,包括曹火星的《没有共产党就没有新中国》,王莘的《歌唱祖国》,还有马可的《咱们工人有力量》。我们还请音乐家徐曙教唱《东方红》(那时的歌词与现在的标准歌词并不完全一致)。

此外,歌唱家牧虹、演过《白毛女》的莎莱也都参与过这个节目的教唱。开始时,我教唱那些我已经会唱或者是刚学会唱的歌。后来市里有了专登革命歌曲的刊物,我就从那里面选歌来唱。为了做好群众的宣传工作,各单位和大街小巷都安了广播喇叭。往往是我们教唱什么,大街上就响起同样的歌声。最激动人心的时刻是教唱《百万雄师过大江》。那天我刚听到这个消息,马上找到刊物上一首《十万大军过长江》的歌,把歌词略改一下,就进了播音室。我先是向听众报了那激动人心的消息,然后就开始教唱:"千里雷声万里闪,一道命令往下传……"这激昂的歌声一起,全市沸腾了!

李波和郭兰英从世界青年联欢节上载誉归来,一个金奖,一个银奖,我们的大播音室里响起了她们的《翻身道情》和《妇女自由歌》。

最隆重、也是最振奋人心的是苏联红军歌舞团的到来。为了给这个享誉全世界的歌舞团报幕,我到中原公司量身定做了一件海军呢西裤,上衣穿的是我爱人的一件呢子夹克,这在当时是一件了不起的举动。

所有这些音乐节目,都是在大播音室中现场直播,由我主持,并为他们朗诵歌词。

我在天津台的前期还为将设立的河北台短期培训过编播人员。北戴河设了一个文艺分台,在夏季的几个月,派播音员轮流去值班。

六、"编播合一"的实验与总编室编辑干事

随着职工台的建立和对象性节目的增多,如果把播音员分到各对象性节目组,离播音对象更近,播音员是否会播得更有活力?我们做了"编播合一"的实验。我成了青年节目组的负责人,播出对象是中学生。我开始跑团市委、学联,下学校,了解实际情况。制定编辑计划,采访,写稿,播音,这样一条龙下来,节目质量确实有了改进。但这项实验没进行多久就被叫停了,原因是其他编辑组的领导不同意。他们说:"我们不懂播音业务,没法领导他们的工作,增加了我们的负担,播出质量也没有提高,还是恢复对播音员的统一领导吧。"等到恢复了播音科的编制,我还是这个科的负责人,但这已不是我工作的重点,因为我和另一位在南开大学读财经的同学被任命为总编室编辑干事。编辑干事的职责就是辅助总编辑审稿发稿。每天综合台和职工台第二天播出的稿件汇集到总编室,我们分别先看一遍,提出初步意见,供总编辑审稿时考虑哪些稿件可以发,哪些稿件需要做修改,哪些稿件需要退稿。需要查资料的,编辑干事先查好;编辑干事记录总编辑审稿时提出的意见,整理好,第二天上午传达给各有关编辑科。准备工作从下午开始,总编辑审稿则在晚上,有时我们需要工作到半夜。这工作责任比较重,容不得半点疏忽。这样我的一线

播音量显著减少，对播音组的领导也减弱了。赶上大的政治运动，牵涉面大，台里各级领导都投入了运动，在短时间内，总编室只剩下我一个人。全部节目竟由我一个人审稿发稿，有时还要出去采访写稿，这对我是极大的锻炼，我几乎成了编辑部门的多面手。

1951年初夏，当天津市的劳动模范第一次到北戴河休养时，天津台组织了一个三人报道小组，我是其中一员，我们去采访录音，制作录音报道。当结束工作往回走时，我们是手里提着钢丝录音机，徒步走到火车站的，因为那时候当地没有任何公共交通工具。还有一点值得一提，天津台从开播后不久就恢复了广告台的播音，它占有两三个频率。它们从早到晚播出文娱性节目，中间插播广告。普通广告播得清晰就可以了，但在每晚剧场直播中插播广告需要播音员有些戏曲功底，知道哪个过门重要，有多长，做到即时插播，绝不能与戏文冲突。要知道，天津是戏曲曲艺界的大码头，听众都是行家，播错了是不行的。这方面的行家里手是姚宝莲，京剧四小名旦之一李世芳的遗孀。她出自京剧的名门世家，播起来得心应手。听说她到70多岁，还主持一档有关京剧的节目，很受欢迎。还有一个我们不懂却每天要认真播的节目——"市场行情"。

七、日常工作以外

天津解放之初,一些从解放区来的同志还保留着周末开舞会的习惯,我们播音组女同志多,有几个人还是娴熟的舞者,因此经常被邀参加。一次台领导找到我说:"今天晚上你去参加吧。地点就在原警备司令部所在地(即解放军活捉敌司令陈长捷的地点),很近。"我说:"我不擅长跳舞,还是让其他同志去吧。""不,这次只要你去,你如果不去会后悔的。"我带着好奇心去了。原来,这是欢迎朱德总司令的一个小型晚会,参加的人不多。能这样近距离地接触中国人民的大英雄朱德总司令,令我激动不已。怨不得领导说不来会后悔呢!

在宣传婚姻法的过程中,我参加了一个报告会。宣讲者妙语生花,口若悬河。这是谁?报告人的名字是"陈绍宇"。陈绍宇?这不是王明的原名吗?如果他是以口才好而当了党中央的领导人,使党遭受不可挽回的损失,那真是太糟糕了!

我还几次被文联邀请去参加公开朗诵会,有一次是面对台下的艾青,朗诵他的诗,这对我来说还是第一次。后来电台领导不同意播音员在台内繁忙工作的同时再去外面朗诵,这种活动就停止了。谁想到"反胡风"运动起来,那几个曾邀请我的人竟被打成"胡风反革命集团的骨干分子"。好险啊,我幸运地躲过了这一劫。

东北解放得早，为了向当地电台学习，1951年初，我随副总编辑去了沈阳和大连，见到了真正的大工业。

约在1949年末，中央台播音员柏立随其夫调至天津，当了天津台的播音组长，我退居副职。她对我们有时可以脱稿播音很不以为然，说这在中央台是绝不允许的。"播音员没有权力离稿播音"，这引起了一阵混乱，甚至使另一位副组长离开了播音组。经过一段时间，她的看法有所改变，那是在台内举行纪念冼星海的晚会以后。那天我负责介绍冼星海生平（不带材料）。她在听后说："我注意到你的介绍很流畅，很生动，没打一个结巴。看起来，这样播音也是可以的。"不久后，她调到广西台，当了副台长，争论也就结束了。

20世纪50年代初期，党中央提出让原来学理工科的大学生"归队"，不再做与其所学专业无关的工作。台里其他学理工科的同志都调走了，其中那位清华大学航空系助教，后来成为国防科工委的一位领导。台长找到我说："现在台里需要你，希望你能留下来，不要走。"我同意了。这样我就渐渐离开了所学的专业。开始，有的年轻技术员要考大学时，我还为他们做一些辅导。个别领导要我讲解负数的运算原理，我的解说也还能令他满意。到后来要讲的内容和我的专业越离越远，在飞速发展的科学理论面前，我逐渐被"边缘化"，以致完全脱轨了。到现在只是对国内外科技界的进步比较关注，仅此而已。

在天津的几年中，按照组织布置，我认真学习了毛主席提出的包括《共产党宣言》在内的干部必读的马克思主义理论著作。由开始的"激情大学生"成长为一个初具理论知识的党的基层干部。

我和我的爱人韩敬庸是在读大学期间开始恋爱的，经过四年的相处，1950年10月，我们结婚了。他是中央音乐学院建院班子中的年轻干部，当时一身三任：教工党支部书记，管理全校学生的总辅导员，小提琴教研室主任（这是他的终生职务）。由于他年纪轻，资历浅，必须勤奋刻苦地学习与练琴。在中央音乐学院举行的我们的婚礼中，主婚人和证婚人是中央音乐学院的党委书记吕骥同志和院长马思聪先生。因为工作的关系，我们的"小巢"筑在电台一间用仓库隔开的小屋里。那时他所任教的中央音乐学院在天津，他的家也在天津。中央音乐学院和天津台相距比较远，隔着一条海河，他的工作特别忙，只能在星期六晚上回来一次。但总的来说，生活还是很温馨的。第二年，我们有了第一个孩子。孩子出满月后，就被送入台内的全托托儿所。我只是在喂奶时间去给孩子喂奶。孩子断奶后，每星期六下午，奶奶就会把孩子接回家。我们俩星期日上午回家，晚上再把孩子带回托儿所。三年后，我们有了个小女儿，如法炮制。所以说两个孩子并没有给我们俩多大负担。我们戏称这个时期为我们生活的"共产主义"

时期。那时从解放区来的干部还没有实行工资制。衣食都是公家负责。有了孩子,还发保姆费。所以孩子入托儿所也是不花钱的,每月发一点生活费作为零用。那段时间,甚至没有休息日,大家觉得很自然,干革命还讲什么休息日。

我的播音路

在中央台[①]（1954—1957）

一、初到中央台

第一次听到中央台要调动我去工作是在全国广播会议中,我和上海台播音组组长钱乃立大姐一起去中央台播音组座谈。在会上,齐越忽然对我提出了一个问题:"中央台一直在调你,你为什么不来?"我愣住了,因为在天津台,从来没有人对我谈起过这个问题,我只得回答说,"我不知道啊"。心里想"你这个老同志,调动工作是党组织部门的事,你怎么问我呢?"大会秘书处的一位同志也曾问我:"别人都争着想到北京来,你怎么不想呢?"看来我的调动问题已不是什么秘密了。

1954年8月,中央广播事业局一天两次长途电话给天津

[①] 中央台指中央人民广播电台。本书中大多简称中央台。

台,要求我马上到中央台报到。领导说:"再不执行,我们就要在组织上犯错误了。"于是我就在没有通知在北京开文代会的爱人的情况下,带着一个三岁的孩子和一个四个月还在哺乳期的孩子,从天津奔向北京,暂时住到西直门大街科学院第二宿舍,我父母的家里。安顿好孩子,我就去位于西长安街的中央台报到了。

1954年,那时既没有电视,也没有互联网,国家发布信息的渠道有三个:新华社、《人民日报》和中央台。其中最快捷的只有广播,就是中央台。当时中央台播音组,除本身有两套节目外,还包括北京市台的一套节目。新华社通过广播记录新闻向全国各地发布消息,中国新闻社通过记录新闻向全球华人报刊等发布消息。这样,中央台播音组的工作就包括这样四大块:中央台、北京市台、新华社记录新闻和中国新闻社记录新闻。而我就成了这个播音组的组长。当时还有向苏联、越南派遣汉语播音员的任务。

中央台虽然是全国最高级别的广播电台,但它的广播设备相当落后,还不如天津台。除了第一套节目有个像样的播音室外,第二套节目的场地是一间普通房间改装成的。有时,播音室旁有驴车走过,驴子的叫声都能传到室内。因为没有冷气设备,夏天只好在一个架子上放一块天然冰。冰化了,滚落地下,那咕噜噜的声音也能传出去。这情况直到在复兴门外真武庙盖了新的电台,也就是粉楼(别名桃花宫),才有所

我的播音路

改善。因为没有大播音室,那时也没有文艺团体在电台直播或录音。这种情况和新中国成立前京津两个城市的基础情况有关,天津是北方的海滨工商业城市,与上海同样有列强的租界,受欧美影响比较早,工商业比较发达,而北京是个文化城市,有著名的大学,却没有工业。

二、最激动人心的经历

新中国成立初期,普通话普及的程度还很差,编辑、记者基本是一口方言,无法直接面对听众,因此整个广播全要通过播音员录音播出。除了广播外,如果有其他需要使用普通话的任务,也由播音员承担,这就让我经历了终生难忘的两段重要时刻。在中央台,虽然只是短短三年,经历的事情却不少,就让我从这难忘的两次重要时刻说起吧。

1954年,我刚到中央台不久,领导让我参加中华人民共和国第一届全国人民代表大会的服务工作:读文件。领导说大会在9月15日召开。"现在时间紧迫,你先去做套衣服吧。"于是单位派人带我到东华门附近的一家专为出国人员做西装的商店选料子、量尺寸。经过试穿,做好了一套灰色嵌花呢的女式西服套装。因为是量身定做的,当然很合身。我平生第一次进时尚理发馆做了一个电卷边儿,把头发弄得整齐些,还买了一双黑色平底皮鞋。当时是播音员后来成为中央台广播剧团导演的余伟说:"如果是双半高跟鞋就好了。"我只笑了笑,心想:"这对我就够好了。高跟鞋?我穿了还会走路吗?"大会的举办地点在中南海怀仁堂。它原是清朝皇家的"仪鸾殿",辛亥革命后,改名"怀仁堂",当时是唯一一处可以开大会的地方。决定建国大业的中国人民政治协商会议就是在这里召开的。现在新中国成立后一次非常重要的大会又要在这里召开了。怀仁堂,我对它并不陌生,小时候,我父亲所在单位北平研究院,就在怀仁堂西边的一所大院落里。记得有一年过年的时候,我跟着父亲来这里看过一次演出,但印象已经很模糊了。抗日战争胜利后,1946年,我曾陪父亲在中南海怀仁堂西四所住过一段时间,每天都要经过怀仁堂门前,但其已是大门紧闭,油漆剥蚀,面目全非了。这次则完全不同。当我和男播音员夏青(耿绍光)乘车从中南海北门到达怀仁堂时,这里已是粉饰一新,喜气洋洋,地方好像也比从前宽阔了。开会时,中央领导人坐在主席台上,我们则在后台待命。这次大会的主要任务是通过宪法,各级人民代表大会、国务院、人民法院、人民检察院以及地方各级政府的组织法。一言以蔽之,就是通过新中国成立后的根本大法,还要选举国家主席和全国人民代表大会委员长,并通过《国务院政府工作报告》。毛泽东主席致开幕词,刘少奇副主席做宪法草案报告。9月20日是我们登台工作的日子,夏青朗读宪法草案,我则朗读组织法草案。我第一次在这样重大的会议上朗读如此重

我的播音路

要的文件,难免有些紧张,但我们还是圆满地完成了任务。夏青朗读宪法草案很顺畅,中间没有任何需要改正的地方;而当我朗读组织法草案时,朗读中间,忽然听到周恩来总理的声音,"停住",我停住了,回过头去看着坐在主席台上的领导们。周总理说:"这里有一个词,似乎应该这样改一下,你按改后的词句再读一遍吧。"我按照领导指示,重新朗读起来,才读了几句,又一声"停住",我又停了下来。周总理说:"我们商量了一下,还是原来的词句更妥当些,你还按原来的词句,把这一段再读一遍吧。"这次以后再没有什么问题,我顺畅地把文件读完了。待这个重要文件顺利通过以后,我们的任务也就完成了。之后,我看到了选举毛泽东为国家主席、刘少奇为全国人民代表大会常务委员会委员长的激动人心的时刻。最后全体代表到怀仁堂后面的草坪上合影留念,我们站在代表的对面,看他们照相的场面。看了一会儿,我和夏青回到后台,有工作人员问我们:"你们站得那么近,怎么不上去跟毛主席握手啊,多好的机会啊!"我们两个人那时第一次参加这样的场合,还比较拘谨,没有敢去这样做。回到电台,我录音播出了新中国第一部宪法,这次任务告一段落。

  在这段工作期间,我们总是提前到达工作地点,往往最先见到的就是周恩来总理,他会微笑着跟我们打招呼:"你们来了!"然后说:"去工作吧!"他的亲切招呼大大缓解了我们的紧张情绪,使我们能够以较正常的状态投入工作。

1954年9月30日，国家举行盛大的中华人民共和国成立五周年招待会，地点还是怀仁堂，我和夏青又有了新任务，当"假翻译"。这个任务是空前的，也可能是绝后的。这是怎么回事呢？原来中华人民共和国成立五周年之际，我国第一次邀请若干外国共产党领导人出席纪念活动，其中有苏联、东欧的执政党的领袖，也有在野党的领袖，他们都要在9月30日晚上的国庆招待会上发言。当时还没有"同声传译"设备，会上又没有足够的时间来一句句地翻译。怎么办？只好请他们在台上只讲开始的几句和末尾的几句，中间由夏青和我轮流为他们朗读讲话稿，也就是当"假翻译"。令我最难忘的是替西班牙共产党领导人伊巴露丽做翻译。她是国际著名的共产党领导人，在反对佛朗哥法西斯斗争中起着举足轻重的作用（我们熟悉的白求恩大夫，在来华前，就去西班牙参加过国际纵队反佛朗哥的斗争）。她是外宾中唯一的女性，我很早就听说过她的名字，她这时已是50岁左右，身体微胖，但精气神儿很足。我因能站在她旁边，为她做翻译而感到无比荣幸。

"假翻译"的工作顺利完成。原来，中央台准备把他们的讲话稿重新录音播出，后来因为现场录音气氛很足，领导决定直接将现场录音播出。这次播出起到了极好的广播效果，我在中央台的播音名"徐力"也由此传开。

1954年国庆招待会后，第二天上午就是10月1日，国庆五周年阅兵及群众游行的现场实况广播。那时候，每年10月

我的播音路

1日都有群众游行活动,实况播音员由齐越和潘捷担任。这次活动因潘捷怀孕,身体不好,改由我与齐越上天安门。对我来说,这是一次极不寻常的重大任务。

壮丽的天安门城楼粉饰一新,红旗飘飘,红灯高挂。我们广播的地点在城楼西侧的第二面红旗下,几乎正对着上下城楼的马道。看,毛主席在前,带领着众多外籍贵宾和中央领导同志走上城楼来了(那时还没有电梯)。我们热情洋溢地解说着,我的心跳也加快了。

天安门的游行事先有彩排,转播稿已根据彩排情况写好了,我们只需要按照眼前的实况播出就行。齐越同志向来非常照顾播出搭档,这时他对我说:"你昨晚播出外宾发言稿,今天又是第一次在天安门城楼上看游行,我多播一些,你可以好好看看。"我听了非常高兴,往年都是在若干天后才能看到中央新闻纪录电影制片厂拍摄的游行实况纪录片,比起眼前的实况差得太多了。我播一小会儿,就趴在护墙上看一会儿,时刻被群众的热情所感染。忽然我向左一侧头,看见中间检阅台上有一位军官在向我招手,要我过去。我过去了,他笑着问我:"你是从天津来的吗?"我说"是"。他欣慰地笑了,说:"好,你回去播音吧。"我回到播音点,在一旁的记者组长杨兆麟(后来曾任中央台台长)对我说:"那是刘亚楼将军,空军司令,打天津就是他指挥的。"怪不得他听我是从天津来的那么高兴呢。我回想起随四野(中国人民解放军第四野战军)进天津的那一幕，现在能和天津战役的指挥员见面谈话，真是太荣幸了。

解放军的游行队伍进入天安门广场，在场的观众，无论观礼台上的，还是天安门对面的，看着那雄壮整齐、斗志昂扬的队伍，都沸腾了。特别是天空传来飞机马达的轰鸣声时，大家一起仰望天空，那是喷气式轰炸机第一次参加游行啊！太兴奋了，想起在抗美援朝战斗中我们的解放军空军不俗的战绩，怎么能不欢呼雀跃呢？跳啊！喊啊！观众情绪达到了顶点，我们的播音也达到最高兴奋点。我自己还有一层与众不同的兴奋：我的大弟弟当时正在这飞翔的战斗群中，在天上；我的父亲在观礼台上；而我正在天安门城楼做实况转播。我想，此时，我的母亲该多么自豪啊！

这第一场不平凡的经历，到此画上了一个句号。下面我要谈谈第二场不平凡的经历。

1956年9月15日至27日，中国共产党第八次全国代表大会召开。这是中国共产党作为执政党，在取得第一个五年计划成绩的基础上召开的第一次全国代表大会，其重要性和继往开来的作用是可想而知的。这次大会的召开，引起国内外的广泛关注，苏联、东欧的共产党执政国家都派来了高级代表参与这次盛会。作为工作人员，我有幸见证了大会的全过程。这次的任务与国庆五周年招待会上的任务有些相似，都涉及翻译业务，但又完全不同。这次不是在台前做"假翻

我的播音路

译",而是做幕后"同声传译"的汉语翻译。参与这项工作的播音员还是我和夏青。中国共产党第八次代表大会的召开地点是全国政协礼堂,这是新中国成立后建的第一个大会堂(人民大会堂是中华人民共和国成立十周年的十大建筑之一,当时还没有)。这里有同声传译设备(当时叫译意风),共有六个译道。我们在汉语译道工作。其他五种语言都要根据汉语进行翻译。台上的发言人用的是哪国语言,同样语言的译道就不用再翻译了。这次会议,各国代表不是同在一个会上发言,而是每天有一两位代表陆续发言。也就是说,我们每天的工作量不大,不需要两个汉语播音员,因为当时男播音员紧缺,台里的工作任务繁重,夏青在第二天就回去了,会场上只剩下我一个人。

"同声传译"的工作间在二楼侧前方,一间间小格子房,一间一个声道,一个翻译,可以看到台上的发言人,通过耳机可以听到他的讲话。因为我不是真翻译,工作时虽然面前有翻成中文的发言稿,但为了与发言人的内容、速度、节奏相配合,在我旁边总有一个真翻译同步指点着。他们用笔,甚至一根毛线针,指着稿件的某某处,我就按着指示播出。有一次,苏联米高扬发言,稿子比较长,偏偏那天帮我的真翻译没有到场。怎么办?只好硬着头皮自己干了。看着台上发言人的表现和米高扬发言的节奏,我跟着播出。他的发言速度比较快,我也只得跟着快,努力在每个段落上与他保持一致,就这样完成了整个翻译过程。想必这次单干还是成功的,因为我不止一次在段落之间听到听众热烈的掌声,有时还有笑声。但这种速度却让我在翻译处的同事们面前受到不少埋怨,因为他们是根据汉语在翻译,所以就嘱咐我"慢点慢点,不然我们没法翻"。无可奈何,我只好微笑着接受这些埋怨(这次会后,科学界召开"纪念富兰克林及居里夫人大会"时,我被邀又一次去做"同声传译"工作)。

大会按部就班地进行着,毛泽东致开幕词,刘少奇作政治报告,周恩来作第二个五年计划建议的报告,邓小平作关于修改党章的报告。通过这些报告,我们知道了中国的社会主义制度已基本建立,国内的主要矛盾已经不是无产阶级和资产阶级的矛盾,而是人民对于经济文化迅速发展的需要同当前经济文化不能满足人民需要的状况之间矛盾,党和人民的主要任务是集中力量解决这个矛盾,把我国尽快地从落后的农业国变为先进的工业园。这是多么重要而正确的决策。1956年9月26日,也就是大会闭幕的前一天,大会的领导对我说,明天一定要夏青来,有任务。我们当然是照办了。原来,他的任务是上台宣读大会决议,而我的任务是宣读中央委员的选举结果。这次我们的工作地点是舞台前方正中央。后面坐着的就是党的五大领袖:毛泽东、刘少奇、周恩来、朱德和陈云。当我开始宣读"毛泽东——全票"时,全体代表热烈鼓掌,掌声经久不息,达数分钟之久。开始我还脸朝前,和代表们一起鼓掌,接着我转过身来,面对着毛主席,鼓起掌来……中央委员的最后一位是王明,他是毛主席做了工作以后才选上的。

我们了解到,在党代会后,毛主席有接见工作人员的习惯,当大会组织者要工作人员到前厅时,我和夏青站在了大厅入口处。当毛主席和其他领导人走进大厅时,我第一个上去,握住主席温暖的大手,主席微笑着对我说:"谢谢你!"又问了我的名字,我除了回答自己的名字外,竟激动得一句话也说不出来……

这次大会是成功的,决策是重要且正确的,如果能按照这些决策去执行,中国该有多明显的进步和变化。可惜的是,会后不久,一次次的政治运动,特别是"文化大革命",完全打破了这种良好的格局,使中国的革命与建设出现了大倒退,走到了低谷。

三、高度紧张的工作

面对全国和全世界及时传达出中国的声音,这是多么神圣的任务,我开始理解"一个字也不能错"的意义了。那几年,国际、国内,激动人心的大事不断,除了前面谈到的两次大会,1955年1月开始了收复浙江沿海一江山岛的战斗,这是中国军队第一次海陆空联合作战,它的胜利和大陈岛的收复,扫平了国民党台湾当局"反攻大陆"的桥头堡,这是多么激动人心的消息。国际上,1956年7月,埃及打响了"收复苏伊士运河"的战斗……1956年10月至11月,东欧的波兰和匈牙利政局动荡,苏联出兵匈牙利进行镇压,这些都是震惊全世界的大事。中国对这些事件当然极为关切,消息一个接一个,瞬息万变,中央台的新闻节目也更加紧张起来。记得有几次,《全国各地人民广播电台联播》(简称"联播")的开始曲已经开始播放,而我们播音员的手里却是空的,已准备好的稿件全部撤掉,而新的稿件还没有来。只见一位新闻组的女同志脱掉了鞋,轻轻推开播音室的门,蹑手蹑脚地走进来,手里拿着一页稿纸,一会儿一页、一会儿一页,整个联播节目就是这样播出的,完全没有备稿时间,仍然是"一个字也不能错"。日常的新闻稿都是由编辑改编并抄写的手写稿,虽然总编辑在审稿时会放出一些"气球"(拉到一旁的修改处),但播联播的播音员已经习惯了这些,可以做到流畅播出。当播出时间紧张时,就不是这样了。编辑来不及改编抄写,直接把从电传打字机打出来的纸条裁成一截一截的,贴在稿纸上,就送进了播音室。那时新华社发的消息已不是最初那样由通讯员骑自行车送到电台编辑部,而是用电传打字机直接电传过来,大大提高了时效性。电传打字过来的写在纸带上的稿件是双排的,小窟窿组成竖写手写体文字,纸带上的字忽而歪向左,忽而歪向右,要把这样的稿件播得准确流畅,需要播音员高度集中注意力。一次,在苏伊士运河事件时期,夜间的零点新闻要首次播

我的播音路

出一篇社论,时间紧得编辑来不及剪断纸带,就拉着长长的纸带进入播音室。那天值班的播音员是潘捷,由于极度紧张,当她播完这篇社论后,人垮掉了,连续若干天完全不能入睡,吃什么安眠药也不管用,最后是中医针灸大夫用大针扎她双脚脚心的涌泉穴,才使她绷得过紧的神经逐渐缓解。在这种紧张的情势下,新闻播音员又出现了新问题。在我们播出的稿件开头,大都有"北京消息"四个字。有两位播联播和早新闻的播音员,一男一女都出现了发不出"北京消息"当中"北"字的问题。怎么办?只好撤换。能播这两个节目的播音员只有经总编辑批准的那么几个。不久,记录播音中也出现了类似问题,有一位播音员竟然播不出"逗号"的"逗"字。那时没有心理医生,我不知道怎么解决这种问题,感受到参加工作以来最大的无奈。

在一次联播播出前五分钟,我在家里接到一个电话,"播联播的女播音员晕倒了"。我拔腿就从宿舍四楼往下跑,右颊碰在楼梯护栏上,擦破一块皮,下楼后就从宿舍区爬过铁丝网,往工作区跑,鞋被铁丝网挂掉一只,提上鞋再跑,抓起稿件一直跑进播音室,已是上气不接下气。只好播一句关上闸,喘一口气,再接着播下一句。在男播音员播出的时候,我才把气息逐渐调整过来,就这样播完整个节目,幸好没出差错。有了这次教训,以后联播都排双班,一套直播,一套备份,以防万一。更重要的一次是按规定时间播出周恩来总理的对外长篇报告,而报告稿也是刚送进来就及时播出去,上半部由齐越播,后半部由夏青播。

"一个字也不能错",在新闻播音中适用,而在其他知识性节目中也这样要求,是不是有些过分?这势必影响播音的生动性。在中央台的三年中,我播过一次访谈节目,采访钱三强。在这样的节目中,我所说的每一个字,都是编辑事先写好的,不能有丝毫改动,这让我感到很被动,无法发挥我播音的长处。只有一次,我播得比较自如,那是理论讲座中,播杨献珍的讲稿。稿件是根据他的录音记录下来的,很口语,我像在天津台播讲座节目那样放开讲。结果刚播出不久就有听众打电话到播音组进行"点赞",但这是我在中央台三年中仅有的一次。

为了保证播出质量,播音工作对早班的播音员在生活上提出要求,如前一天晚上不能看演出等活动,保证晚上9点钟入睡,早点不能吃油炸食品,以免播出时"痰堵门"。

四、学习与总结

我到中央台的时候,齐越同志正在去苏联学习的中国广播代表团中,还没有回国。他回来以后,向我们传达苏联经验,组织我们学习苏联经验,并在广播局领导下对播音机构进行改组。根据苏联经验,播音组设置"艺术指导"一职,由齐越担任,下设播音员委员会,由几个主要播音员担任,我也是其中之一,其任务是负责播音业务的提高。艺术指导直接向总编辑负责,播音组长则由总编室主任领导。

在传达苏联经验时,最使我们感到震撼的是苏联功勋播音员列维坦的事迹。在卫国战争中,他的播音使苏联人民受到极大的鼓舞与振奋,以致当德国侵略军包围莫斯科时,希特勒曾扬言:"进入莫斯科,第一个要杀的便是列维坦。"他的事迹告诉我们:播音是多么重要的工作。在战时,他的声音就是祖国的声音,他发出的号召就是祖国的号召、祖国人民的号召!我们应该怎样珍惜这份工作,做好这份工作啊!同时我们也学习陕北新华广播电台一些老播音员的动人事迹,在小土地庙那样简陋的广播环境中,他们热情地传播着对敌斗争中振奋人心的消息。比如孟启予。她虽身体很不好,播音却热情有力。有时,毛主席在稿件的后面批上"孟播"两字,她从病榻上起来,播得仍然有声有色。这些播音员都是我们学习的榜样。

怎样做好这份工作?只有学习学习再学习。首先要学好政治时事,掌握社会动态,加强对稿件内容的理解,当然还要加强业务学习,提高语言表现力。在内容理解方面,如果遇到国内问题,由于我们身在其中,理解起来比较容易。而且每天早晨,总编室召开的编前会上,都会有及时的传达与指示,我的任务就是把这些指示及时传达给每一位播音员,这样在播出国内消息时就有了主心骨。但对国际消息的理解就差多了。大多数播音员缺乏对国际关系以及重点领域的基本认知,缺乏对世界地理和历史的基础知识,这怎么可能播好国际新闻呢?有时甚至连有关人名、地名都不能流畅播出。怎么办?只有加强学习。我们把播音员分成几个小组,每组一个专题,重点找有关资料。每个星期由一个专题组对全体播音员做专题介绍。这样进行了一段时间,大家的国际知识水平明显提高,播起国际新闻,当然心里就比较有底了。

怎么提高语言表达能力?齐越找来一本由苏联翻译过来的《小学语文朗读教学》,引进了"主题""重音""语气""节奏"的概念。因为我们以播新闻为主,所以特别重视对"逻辑重音"的学习,在一段时间内找准并突出逻辑重音,成了我们的学习重点,这对播新闻当然有好处,但在某种意义上说也加重了播音"程式化"的问题。等到齐越和崔玉玲翻译并刊出了苏联的《朗诵艺术》一文,大家进行学习后,情况有所改善。

有的播音员播音时只是照本宣科,不动脑子,播后就想不起刚才都播了什么。对这样的问题,我们加强抽查,让播音员复述刚才播过的主要内容,播前也加强了试播。

通过不断学习,播音员的基本素质有所提高,有时编辑忽视的一些小错,也能被播音员纠正。我自己在播联播节目前,就曾几次发现总编辑审稿时忽略的事实差错,及时予以纠正。

大家工作已有几年时间,却还没有系统总结过播音经验,

我的播音路

甚至没有一本有关播音的书,这情况不应再继续下去了。于是播音员委员会开始让各个委员及播各种专题节目有经验的播音员分工负责,总结经验,写成文章。对播音员来说,这个过程比较吃力,因为把经验上升到理论、写成文字是要经过反复思索的。我负责写的是第一篇"播音员与播音工作",还有在天津台时写成的有关主持广播大会经验的一篇小文章。这项工程完工以后,在广播局内部发行,我们终于有了关于播音的第一套书。那时国际上写播音的文章也非常罕见,我们请对台湾广播部的播音组长李玲红翻译了一篇写日本播音的文章,并对其进行了学习。

五、年轻的团队

1954年,我28岁,我们队伍中年龄最大的是齐越,才30多岁。我们基本上全在30岁以下。夏青,虽然被大家叫作"老耿",其实比我还小一些。他在进入新闻队伍前,是东北某大学的工科生。播记录新闻的几乎清一色20来岁,有的甚至是十几岁的小姑娘。播普通节目的年轻人多是播记录新闻出身的。他们通过播记录新闻练好了播音基本功,才根据各自的情况,逐步改播普通节目,像那一时期大家熟悉的林如、王欢、刘伟、葛兰等,都是如此。

记录新闻的受众,是遍布全国各地以至海外华侨聚居地

(主要是东南亚)的收录员。也就是说,播音员的声音要穿过广袤太空,穿透各种短波的电磁干扰,让远方的收录员尽可能将新闻完整地记录下来。记录新闻播音员的工作成绩是用收录的成果来衡量的。有关人员定期收集地方及华侨报纸,一条消息、一条消息地考量收录成果。要想让收录效果好,播音员首先要掌握句子的结构,在适当的地方断句,突出句子的重点。其次,吐字要十分清晰,来不得半点含糊。最后,最重要的是紧紧抓住整条消息的内容,让收录员在理解内容的基础上准确记录。就这样,经过一段时间,比如说几个月或一两年的记录新闻实践,他们的播音基本功就练成了。我敢说她们在内容掌握,特别是吐字发声方面,比现有的某些播音员要强得多。

想想看,有这样一群天真活泼、有干劲、肯学习的姑娘,我们播音组该有多么热闹。她们呼姐唤妹,排起行来,谁是老大老二,直至老八小九。在整个电台,这是最年轻活跃的一群。

记录新闻是在夜间普通节目播完后播出的。消息多时,要直播到天亮才下班。这时播普通节目的,上早班的也该上班了,他们常常在路上相遇,一边说"早安",另一边说"晚安",于是一边笑着一边走开了。

齐越虽是老大哥,工作上要求很严格,但在生活上,对这帮年轻人却是关怀备至。她们亲切地称他为"老头子"。这"老头子"是异常耿直、热情的人,每当过年开联欢会的时候,他总会演出一段滑稽节目,惹得大家哈哈大笑。

那时电台还没有自己的宿舍,工作人员分住在距西单不远的几个包下来的大小旅馆中。金城、万有、京师,以住在"金城"的为最多。她们一起上班,一起下班,好不热闹。这也成就了一对好夫妻:夏青与葛兰。夏青原名耿绍光,被称为"老耿";葛兰原名王静蓉,我们叫她"小王"。据说葛兰怀孕时嗜睡,该上班了,叫都叫不醒,这可给夏青添了不少麻烦。

我刚到北京时,先住在"京师",那是个小偏院,只住着齐越和我两家人。其余有几个"侨播"的女同志,还有一位印尼姑娘。看门的是一对老夫妇。那时我的女儿才几个月,齐越每天下班后,总要抱着她玩一会儿。我们两家也曾一起去颐和园,齐越在后山为我们夫妇拍了一张照片,很"艺术",我们在胡同口的"大自然摄影社"将它放大着色以后,一直挂在卧室里。那时候还没有彩色胶卷,相片都是黑白的,想要点色彩,就要到专门的地方去"着色"。那位印尼姑娘喜爱吃辣,有时到我家的小炉子上炒辣椒。我的老保姆说:"这姑娘那么爱干净,怎么吃饭用手抓?"

后来搬到"万有",除了老编辑苑子熙外,住的全是播音员:齐越、夏青、葛兰、林田、刘露还有我,一共五家人。播音员家庭大团聚。住旅社有一样好处,上早班有人叫,不用上闹钟也不会误班,这对播音员很重要。还有一点有意思的事,苑子熙、齐越和我爱人韩里,原籍都是河北高阳,苑的老母亲更是一口地道的高阳话。每当我爱人来北京,他们几个就有意"秀"老家话,于是半个小院儿就成了一片"高阳腔"。他们乐此不疲,似乎这是一项开心的娱乐项目。后来搬到复兴门外的"老302"宿舍,我家和齐越家仍住在一起,但他们没有再玩过这一手。

在复兴门外真武庙,新的工作地点和宿舍没全盖好以前,有一段时间,有一部分播音室先搬过去了。于是,在新地点值班的播音员就要骑自行车,在两地之间奔跑。那时候西长安街的西端只到西单,再往西是两条单行的较窄的街道,当公交车通过的时候,自行车几乎要挨到公交车,没有一定车技是不行的。等到"粉楼"完工,"老302"宿舍盖成,我们连工作地点带住宿地点都搬过去,情况马上改观了。所有的播音室都有标准设备,夏天有冷气,安全工作也升级了。技术区门口有了武装警卫,每次进入都要查特别通行证,认证不认人。

冬天到了,粉楼边和"老302"宿舍区内都泼了冰场,年轻的播音员下了班就去冰场玩一会儿。溜冰场上,最引人注目的是潘捷,她穿一件灰色高领毛衣,在冰上翩翩起舞,"翩若惊鸿,婉若游龙"。我虽然小时候在什刹海上练过滑冰,但因身体关系,母亲说,"滑冰可以,但不许摔跤"(怕摔跤引起肋膜炎复发),因此冰技一直没练好。这阶段因为工作太忙,并没有上冰场。待几十年后,跟孩子们一起再上冰时,竟不会滑了。

六、全国播音员工作会议

近若干年,只要是播音系招生,报名的总有上千人,有时甚至更多,而在 20 世纪 50 年代,许多地方广播电台的播音员却不愿当播音员,"想跳槽"成了普遍现象,以致中央广播事业局到了不能不管的程度,决定召开全国播音员工作会议。虽然我所在的天津台和中央台都没有这种现象,但我被指定为筹备这次会议的三个人中的一个。其他两个人一位是地方广播部的副主任,他负主要责任,另一位就是我们播音界的"头儿"——齐越。没想到,筹备工作一开始,大家对怎么开这个会就产生了分歧:地播部考虑的角度是如何加强对地方台的管理,而齐越则坚持从提高播音员的素质出发,二人都固持己见,争论得不可开交。这样下去,筹备工作将陷入僵局。怎么办?我只好两边调停,"抹稀泥",尽量调和两个人的意见,好让筹备工作顺利地进行下去。最后总算达成了一致。

为什么不想当播音员,想"跳槽"?因为他们认为播音工作没有创造性,只是播别人写的稿件;搞播音,没什么可学的,也没前途;甚至认为,"只要识字,会说普通话就能当播音员"。这次会议要解决的就是这样的思想问题,使播音队伍稳定下来,并逐步提高。

会议按时召开,这是全国播音员代表的第一次聚会,大家都很兴奋。

中央广播事业局局长梅益同志作主题报告,他指出:播音是整个广播系统面对听众的最后一个环节,如果播音这个环节质量不佳,那整个广播系统工作的努力岂不白费?因此,播音员必须做好工作,使广播发挥出更好的效应。他还指出:播音员必须时时关心时事的发展,甚至要有比编辑、记者更高的政策水平,因为编辑、记者的工作,往往只针对某一方面,而播音员却要播各类稿件,在各方面都要有所了解。

这个报告振聋发聩,使播音员对自己的工作有了进一步的认识。无疑,这将为播音员提高业务水平提供新的动力。

齐越在会上介绍了苏联播音工作的经验,大家听到列维坦的事迹受到极大震动,感到身上担子的重量。

我们还请京剧名家郝寿臣讲他勤学苦练,不但锻炼出一副金嗓子,而且创造了京剧净角一个主要流派的经验。播音员作为语言艺术工作者,不也同样需要刻苦练习吗?

语言学家吴晓铃则给我们讲了有关汉语的知识,让我们知道了汉语的特点。

通过对每一个报告的讨论,大家提高了认识,心情舒畅,信心倍增。我们把这几个报告汇集成册,又有了一本有关播音业务的书。最后开了一个欢快的联欢会。

还有个花絮,辽宁与吉林的播音组长说,他们没吃过西餐,不知道是什么味儿。齐越和我决定在莫斯科餐厅请他们

我的播音路

吃一次西餐。他们一吃才知道,"不过如此"。原来说好,我和齐越共同买单,后来齐越非要自己付费,那也只好由他了。

七、两地生活的尴尬以及后果

我带着孩子奔向北京的时候,我的爱人韩里正在北京开全国文艺工作者代表会。那时,我既不知道他住在哪里,更不知道他住处的电话,那个年代没有手机啊,也就是说,我是在他完全不知情的情况下,离开天津,来到北京的。待他回去以后才发现家没有了。这对他来说是多么大的不适应。没有别的办法,他只好在津京两地来往奔波。我刚到北京时,把两个孩子都放在母亲家,小女儿才四个月,还在哺乳期。待单位给我在"京师"分了一大间房子后,我带着女儿和老保姆(她在我家十多年,帮我带大了两个孩子)住了进来。大孩子则进了麻花托儿所全托,星期六由姥姥接回中国科学院宿舍。每星期六晚上,保姆便躲出去。如果那晚上我不上晚班,情况还好,如果上晚班就糟了。那个爸爸根本不知道怎么带孩子。吃、喝,特别是拉、撒,弄得一团糟。如果我第二天上早班,情况也很尴尬,他星期六晚上很晚才到,我第二天早晨5点钟就要到岗。有时候会出现这样的情况,一阵敲窗户声,外面是齐越的声音,"徐恒,明天早班我替你上,你不用早起了"。为什么会出现这样的情况?原来我们播音员是轮休制,也就是说,这个播音员如果这星期是星期一休息,下星期就是星期二休息,以此类推,每七个星期才能轮到一次星期日休息。那时候只休星期天,不像现在是双休日,而我作为播音组长,星期一到星期六,每天8点钟必须参加总编室召开的编前会,然后把情况向全组传达。也就是说,每七个星期我才能轮到一次星期日全休。其他六个星期的星期日都是照常上班。那么,我的爱人星期六晚上回来时,大多数时间的星期日都是我的工作日,这情况让他怎么办呢?更何况他的时间那么紧张,每星期天上午他要去马思聪先生家学琴,练琴也是他每天的必修课。电台搬到复兴门外粉楼以后,我在旁边的老302宿舍有了一间新宿舍,邻居还是齐越。这时又出现了新问题,每逢星期日,小女儿可以让老保姆带到我母亲家,而星期六下午大孩子却被托儿所的班车带回了302宿舍。星期日我上班去了,我爱人在练琴时摆一把椅子在屋子中间,告诫儿子玩耍时不能越过,也不能出声吵闹。四五岁的淘气儿子哪里管这一套,玩着玩着就越界了。父亲不管三七二十一就开打。于是孩子哭,大人叫,乱成一团。待我下班回来看到这情况,当然会批评那个当父亲的,于是最后变成我们两个人争吵。一而再再而三,我们两人的关系出现不和谐。在这种情况下,他坚持向天津、北京两地以及广播局的党组织提出申请,要求把我调回天津。广播局领导提出,把他调到广播乐团。中央音乐学院

我的播音路

的领导是当时的音协主席吕骥同志,他曾不止一次因"学校离不开"的理由,从文化部拟定的出国名单中把韩里的名字删掉,怎么可能同意把他调出?而且韩里本人也不同意。后来中央台又提出每两周给我三天假回天津,也被拒绝了。我看事情已闹得不可开交,于是向组织提出,还是让我回去吧。结果是:1957年,我被调回天津台。

重回天津(1957—1960)

1957—1960这三年是我生活中起伏动荡最大的三年。

一、回老家啦

我是高高兴兴回到天津台的,这毕竟是我起步的老家,我对它怀有无限眷恋,老同事们也热情地欢迎我回来。

领导找我谈话,问我:"你是想回总编室当副主任,还是仍干播音?"我毫不犹豫地说:"播音。"就这样我成了天津台的播出部主任兼播音组组长,并立即投入播音一线。虽然播出部除播音组外,还有节目组、资料室以及广告组,但我的主要精力还是在播音这一块。没想到一位老播音员说:"你的播音退步了,没有过去那么生动活泼了!"我一愣,这三年,我在中央台干得不错呀,怎么退步了呢?再一想,可不是吗?过去我在天津台什么节目都播,和听众有着密切的联系,尤其是有些

我的播音路

初创的节目,我都是打前锋的。而在中央台,我却只播"不能播错一个字"的新闻节目,远离听众。播音的政策分寸感和严谨性增强了,却失去了过去播音的鲜活性。前些时候,有一个老学生问我播音员是怎么变成主持人的,这个问题我无法回答,因为这个变化是我从播音岗位上退下来以后才发生的。但我自己的经历却是相反的,从一个激情四射的主持人变成了一个风格严谨的新闻播音员(据后来的统计,我和夏青是出语疵最少的播音员)。幸而我很快从这种情况中被拉了回来。我的老领导、老同事仍像过去一样,有什么新鲜点子,都要我去打头阵。最明显的是天津电视台的试播。我不知道天津台是不是全国第一个试播的,只知道当时中央电视台还没有试过。作为试播的电视播音员,我犯了一个现在看起来非常幼稚而可笑的错误:拒绝化妆。我想:"我在全国性的大会上工作都是素面,没化过妆,为什么现在要化妆?"这让我在后来的政治运动中吃了一张大字报,说我是"假清高"。幸而这个问题很快解决了:从广播剧团调来了专职的电视播音员。

文艺部的领导是我大学的老同学,他让我录制配乐诗朗诵——白居易的《琵琶行》。这个试验是成功的。而另一个试验却以失败而告终:转播电影实况。只有声音,没有画面,没有稿件,只凭播音员的即兴播音,把整个电影串联起来。这个难度太大了,只试验一次,就没有继续下去。

除了我个人的播音,现在天津台的播音组是什么情况呢?

大部分新老播音员的积极性都不高,被认为没天分,没有发展前途。这种情况是怎么造成的?从广播剧团调入的两位播音员——关山(丁威)、鲁园(梁鲁园),语言表达能力很强。在播小说方面,在群众中有很大影响。关山播的《桐柏英雄》影响之广,以至后来在拍电影《小花》之前,主创人员曾找关山咨询。鲁园不但在播小说方面很突出,后来在电视剧方面也有很好的成绩。她主演的痴呆的老妇人形象深入人心。不久以前我还在电视剧《情满四合院》中见到她的身影,这时候她应该已经90多岁了。而其他老播音员在业务上没有大的进展,新来的播音员则很难适应工作要求,以至大部分播音员信心不足。这种情况显然是不健康的,必须解决。怎么办?首先要解决思想问题。每个人的语言表达能力有强弱、高低之分,但通过加强锻炼,都能有所提高。即使天才,也必须经过锻炼才能真正成才。怎么锻炼呢?在全组开展朗诵活动,每个播音员都选择自己喜欢的作品,每周都在组内组织朗诵会,互相切磋,相互提改进意见。经过一段时间,大家的朗诵水平都有显著提高,当然播音水平也相应地有明显改善。

华北区播音员业务研讨会在天津举行,中央台也来了人。作为东道主,我们组织了一场欢迎朗诵会。天津台的所有播音员都上台朗诵,我则是这场朗诵会的主持人。令人欣慰的是,所有的节目都表现出一定的水平,特别是压轴戏鲁园朗诵高尔基小说《母亲》片段,震惊了全场。"天津台的播音员竟

我的播音路

普遍有这么高的朗诵水平!""鲁园的朗诵太让人震惊了!没想到播音界有这么高语言水平的人!"我们胜利了。

对这阶段的工作,我做了业务总结:《和唯天才论者的一场论战》登在电台内部的刊物上。出乎意料的是,这篇总结被《新闻战线》编辑发现,认为是不可多得的好文章,采用了。我的论文能在全国性的新闻刊物上刊登,我当然非常高兴,这可以算是我回天津后工作的一个小高峰,此后就每况愈下、乏善可陈了。

1958年反右派斗争如火如荼地展开,像广播电台这种知识分子成堆的地方,当然是斗争重点,政治运动压倒一切,业务则完全停滞了。

我的家庭生活也发生突变,回天津后,我们全家搬入中央音乐学院在杭州道的一处家属宿舍,两家合住一个小院儿,另一家是我爱人的同行,周文清教授。我骑车上下班。这是我第一次有了一个安定的家。但好景不长,老天弄人。1958年,中央音乐学院由天津搬往北京,在鲍家街43号一个王府大院中落了脚。我爱人当然跟着去了,于是我们又成了两地分居。这次他无法再提意见,而他的工作更加繁忙,根本抽不出身回天津。这一次是由我在天津和北京之间来回跑了。由于家属没有过去,他连一个单间宿舍都没有,我跑到北京竟"无家可归",其尴尬程度可想而知。我第一次为家庭生活落泪了。这还不是我遭遇的最严重的不幸。

二、天津由直辖市变成省辖市，河北台成了天津台的上级

河北广播局(河北台)由保定迁来天津，直接进入天津台的所在地——南郊七里台。两台合并后，编辑部没有合并，而播出部却合并成河北天津台播出部，我成了这个部的副主任。主任是河北台的一位老同志。电台的播音组也合并了，我仍兼任合并后的播音组长。但因两台的播音对象不同，节目组成不同，仍是各播各的节目。两台播音员在一起，没有发生不协调，关系正常。由于我在中央台的经历，河北台的同志们对我也是尊重的。

各播各的节目也有例外：我曾应河北台领导之邀，赴河北省主持了两次广播大会。这一时期正在宣传"人民公社""吃大锅饭""大炼钢铁""超英赶美""人有多大胆，地有多大产""提前进入共产主义"等。对这些极"左"思潮，我不像我的爱人那样公开质疑，以致后来在反右倾运动中受到全校公开批判，但思想上也是有疑虑、有抵触的。作为播音员，只能根据领导安排去工作，我在徐水县主持了宣传人民公社"一大二公"的广播大会，在武安县主持了"全民炼钢"广播大会。一到武安，看到街上的铺路石和社员垒的墙石都是铁矿石的时候，我震惊了，这里的矿产太丰富了。再一看，场院上几十座用土坯垒成的小高炉，和在炉边炼铁的一堆堆农民，我的疑虑

却加深了。我在天津台下钢厂体验生活时,曾看到过真正的高炉,它那巍峨的身影,和出铁时的壮观景象,我还记忆犹新。这样的小土炉能炼出铁来吗?而没有合格的铁,怎么能炼出钢来呢?这不是对矿产资源的浪费吗?就在这种疑虑思想的主导下,我没有激情地主持了这次广播大会。

三、坎坷岁月

转眼到了1959年中华人民共和国成立十周年的前夕,这是我每年工作最紧张的时候。9月27号我正要到直播现场去了解情况,忽然被河北台的副台长政治部主任叫住:"组织决定,从现在起,你不能再在话筒前播音,只能做领导工作。"我被停播了!这突如其来的当头一棒,打得我有点晕头转向,不能再做我投入全部精力的播音工作,我已不再是一个播音员,我该怎么办?算一算,从天津解放日起,我在话筒前工作的时间是十年八个月零十二天!虽然没说明任何原因,也没有受任何处分,我知道,我在党内的职务也将相应停止。当时我是天津台党组成员、党委委员,还兼任河北天津台的团委书记(另有隶属于河北台政治部的专职副书记)。

从中华人民共和国成立以来,每一个国庆日,我都是在话筒前度过的,从来没休过国庆节的假,现在既然不能在话筒前播音,我当即买了去北京的火车票,带着一颗沉重的心奔向首都。国庆十周年前夕的首都,一派蓬勃向上的亮丽景色,十大崭新的建筑各具特色,人群兴奋而愉快。回到"家",我的爱人无暇听我的倾诉,却约我与中央音乐学院的教授们一起去十大建筑之首的"人民大会堂"参加庆祝中华人民共和国成立十周年文艺晚会。去新建的人人向往的人民大会堂!太让人兴奋了,这一下扫掉了我脸上的阴霾。一下大巴车,举目望去,华灯初上的天安门广场一片光明。有了东西两侧的宏伟建筑,天安门城楼也显得更加庄严宏伟,特别是城楼对面,高高矗立的人民英雄纪念碑,望着它,我的心里猛然升起一种惭愧的感觉!没等我深想,人流已把我拥向万人大会堂。万人大会堂,那宏伟而壮丽的景象使我惊呆了,这是我从来都没有想象到过的、今生所见的最辉煌的建筑。当我一步步走上台阶,进入前厅,多么宽敞,多么明亮。进入大厅,抬起头,满天星斗,簇拥着一颗红星,我的心不由自主地飞扬起来,这与我曾工作过的中南海怀仁堂和全国政协礼堂真是不可同日而语。才几年时间,我们的祖国竟有了如此辉煌的成就,怎么不叫人兴奋?是啊,当1948年秋,在南开大学,在被日寇轰炸成废墟的"太子宫"(男生宿舍)进行入党宣誓的时候,我就发誓终生追随党,为建设新中国而奋斗,还有什么理由为自己工作上的一点挫折而悲观沮丧呢?你不是还有工作岗位吗?你不是应该在岗位上像过去一样努力工作吗?……各种思绪不停地穿梭往来,以致我对台上精彩的演出没有留下清晰的印象。

我的播音路

我带着一颗基本恢复平静的心回到天津,投入工作。

过去我的工作重点都在播音组,对我领导的其他几个组只是听听汇报,做一般的指示,从没有深入下去,但现在要改变了。资料室的工作比较单纯,广告组是我从未涉足也不想去过问的。只有节目组工作最繁忙:编排节目,收发全台各频道的录音磁带,编辑出版每周的广播节目报。节目报是电台联系群众的桥梁,对整个电台工作有着举足轻重的作用。过去只是经我签字后才付印,我却从来没有深入现场,这一次我要下去了。晚间到了工作现场,《天津日报》的印刷车间,排字工人仔细而敏捷地捡起一个个铅字(那时没有激光照排),兢兢业业,头也不抬……一校二校三校之后,当我当场签字可以付印时,天已经亮了。这使我对平面媒体的工作情况有了些直观了解。一夜工作,虽然有些累,但心情是有所收获后的愉悦。

这期间,我的家庭生活也有所变动。我在天津、北京两地穿梭,跑了一段时间以后,发现我的爱人因工作繁忙,只能在凌晨5点起床,到一个不影响别人睡眠的楼角去练琴。练琴告一段落,早过了食堂开饭的时间,于是饿着肚子去上课。如果长期这样下去,他的身体怎么吃得消?怎么办?经过考虑,我决定:搬家。让老保姆带着孩子去北京。这样,他的生活可以有所保障,孩子也可以得到更好的教育。儿子可以进入附近的小学,女儿小波也能进入中央音乐学院的幼儿园。至于我,带着个小皮箱,搬入电台内播音员及技术员的值班集体宿舍,过起结婚后第一次单身生活。

一天晚上,同事们都下班回家了,我一个人在办公室看书,忽然响起了长途电话铃声,是我爱人打来的:"小波在儿童医院病危,你马上到这里来。"我一听慌了神,生平唯一一次"以权谋私",为自己开了一张"临时记者证",跳上去北京的列车,赶到北京儿童医院。接待我们的是北京儿童医院的党委书记,他首先向我们道歉,说他们医院一位从日本留学归来的医生,错把急性阑尾炎诊断成肺炎,导致肠穿孔,成了腹膜炎,下腹内已经化脓,情况危急。如果现在手术,很可能伤口无法收口,只能用中医的保守疗法,把脓固定在腹腔内。过一段时间恢复后再进行手术。有什么法子?不得不接受他的建议,我带着深深的不安和挂念,回到天津的工作岗位(这个误诊导致我的女儿几次病危,终生带病生活)。

四、下乡

1959年初冬,我意外地被任命为河北省农业考察团承德分团的副领队,下乡去了。

承德这个皇家"避暑山庄"所在地,现在是旅游热点,但我这次下去却受到一次思想上的巨大震撼。"徐处长",第一次听到这个称呼让我懵了,这是叫我吗?为什么这么叫?虽

我的播音路

然已工作了十多年,但在电台,同事之间始终以名字相称,顶多后面加个同志二字,从来没被称作什么长,我也从来不注意自己是什么级别。在调入中央台时我才知道自己是科级干部,"徐处长",那么现在是处级干部了?我只得不习惯地接受了这个称呼。分团的正副领导是河北省体委的正副主任,他们见我是女性,就想让我留在承德,与地委打交道,而这是我不愿干也不会干的,我坚持要下到最艰苦的地方去。他们说,"坝上的高寒地区,只有会骑马打枪的男同志才能去"。最后把我分配到河北、辽宁、内蒙古交界处的平泉。

去平泉的小组共有三个人,其他两个都是比我年轻的男同志。没有火车直接去平泉,我们在辽宁一个好像叫"三十家子"的小站下了车,要徒步翻过几道梁才能到达平泉,中间还要住一夜。开始,那两位农村出身的干部认为我是个女知识分子,一定走不过他们。待到真走起来,他们才知道估计错误了:我走得比他们轻松得多。徒步过秦岭的我,这几道梁简直是小菜一碟,边走路还边背诵,并为他们讲解毛主席诗词。到了晚间休息时,他们已累得躺在炕上不想动弹,我还可以跑前跑后照顾他们。但这种轻松的情况到接触现实时戛然而止,接着就是不安与沉思了。

1959年冬天,全国进入困难时期。我们一到公社的大队,遇到的是农民群众的"白眼"。进村,看不到人,好不容易找到大队办公室,也是空无一人。到公共食堂吃"大锅饭",

这回遇到了排队等候分发食品的老乡,他们个个面黄肌瘦,愁眉不展。我们主动上去搭话,他们看到我们是从上面来的干部,一脸冷漠与不信任,背过身去,一言不发。这与过去在解放区接触过的老乡是多么地不同,过去热情,现在冷漠,为什么会这样?待到我们在队伍中与老乡一样,接到多半碗稀糊糊时,一切全明白了:农民在挨饿呀!这让我的思想受到极大震撼。

看来,农民兄弟对"人民公社大锅饭"是抵触的,因而对上面来的干部也是抵触的。那么是"人民公社"的政策出了大问题!过去常说,政策是党的生命,政策是不是正确,只有在落实的过程中接受群众的检验,既然群众不接受,就应该赶快纠正。我们该怎么办?没有别的办法,只有如实反映情况,让党中央了解真实情况,对政策进行纠正。这时我很自然地想起在徐水开展宣传"人民公社""一大二公"的广播大会,为自己曾为宣传错误政策推波助澜感到内疚,进而考虑到"广播大会"这种宣传形式的局限性。解放初期,在动员群众方面,它的确起了一定作用,比如"和平签名"广播大会在短时间内收集到大量签名,但到了需要具体落实政策的措施上,这种广播形式就不合适了,再用它就只能起反作用。过去,我曾经因善于主持广播大会而沾沾自喜,还写过总结文章,现在想来,真是太幼稚了。

回到承德,我向组织如实汇报了情况。看来,他们是知道下面情况的,为了弥补"挨饿"的损失,他们在我们的吃住方面都给予照顾,让我住在"避暑山庄"内,晚上还请我看戏。这让我感到"官""民"之间生活水平的差异,心里很不是滋味。我谢绝了。几天后,我乘坐承德—北京的首发列车,带着沉重的心情,提前回到北京的家。幸而在这里遇到一件事,使我的心情有所改善。

中央音乐学院坐落在北京内城西南角的一个王府中(光绪皇帝的出生地)。后面的小公园城墙角落里堆放着几十大桶化学原料,我到的第二天,那里突然起火,学生们纷纷跳墙去救火,以致中毒倒下。周恩来总理闻讯赶来慰问。看到青年学生这样急公好义、奋不顾身,我被深深感动了。有这样好的年轻人,还有什么困难不能克服呢?但我的爱人在跳墙救火的时候,脚踝受伤,拄起了双拐,这让我在回天津时不免有所牵挂。

在天津的最后一件事是"分家"。天津恢复为直辖市,河北省的机构迁回原址,天津台不再受河北广播局的管辖。在分家过程中,因为我不善于"讨价还价",使天津台的资料室吃了亏,受到埋怨。这件事说明,在行政领导的领域,我不是个真正合格的干部。

1960年6月,一纸调令传来,要我到北京广播学院新闻系报到,去主持一个播音员培训班。据说是齐越同志听说我被停播后向组织推荐的。那么我又可以为播音事业贡献力量了,我带着兴奋的心情奔向北京。

新征程——创建播音专业

我带着无比兴奋的心情到了北京。在自己的小家,确实受到不言而喻的热情欢迎,而到北京广播学院新闻系报到时,却有些出乎意料:一是见到一些在广播站线上颇有成就的同志在这里做着最基层的工作,特别是过去在中央台深受编播人员欢迎的原中央广播事业局副局长、中央人民广播电台副总编辑温济泽同志。二是我被任命为语音教研组组长。"语音",这是我从来没接触过的大学中文系语文教学中的一部分。没学过,却要教,这我可以学,但不是说要我来主持"播音员训练班"吗?我把这个情况告诉齐越同志,他马上汇报给中央广播事业局领导,事情得以及时纠正,我成了"播音教研组"组长,兼教新闻系编采专业的语音课(后来我还曾为编采专业的学生讲过"口头报道")。

我的播音路

一、初建

1. 起步难

虽然1949年初在天津台的工作也是初创,但这次不同。过去我都是在老同志的领导下工作,服从领导、听指挥就行了,而这次是要我自己当领导,去创建一个新专业,一个在全世界还没有听说过的新专业,又没有足够的准备时间。当前正是暑假前,我在中央台时的老搭档马尔芳同志已经在中央广播事业局派出的录音车上等着我到各中学招生,暑期后就要开班。由于全国各广播电台急需新播音员,中央宣传部特批,可以在全市各中学高二班不问个人志愿地直接招生。我一边一天一校地在北京的各中学寻找人才,一边在录音车上捧着一本大学中文系的语文教材,看"语音"部分。好在那些语音理论在我这个物理专业的人看来是比较简单、容易掌握的,这让我对以后教语音课有了一些信心。而谈到新专业的设置可就没那么简单了。

过去在电台时办播音员学习班,一般是一两个星期,请几个有经验的播音员带一带就行了,但现在是正规学习班,要有一定的课程设置,每门课要有计划地解决某方面的问题,这就需要有一定的师资,而这一切在我面前几乎都是"零"。怎么办?我去请教系主任,答曰:"我对播音一无所知,没法帮助你。我建议你去找左莹院长,他是延安鲁艺出来的,可能会提出好的建议。"于是我找到左莹同志,他听了我的问题后,想了想说:"关于有声语言艺术的课程,只在中央戏剧学院和北京电影学院有台词课。北京电影学院的领导是吴印咸同志,我们在鲁艺时在一起,你可以去找他,必要的话可以请他们的台词教员来上课。"就这样,我带着左莹同志的亲笔信,去找吴印咸同志,很顺利,请到了北京电影学院台词教研组组长吴清老师来为我们开"语言技巧"课,解决了我们的"缺门"问题。至于主要的专业课"播音"就好办多了,我们请中央台和北京市台一些老播音员来讲他们擅长的"拿手课",兼做小课辅导。可能由于我过去在中央台工作的影响,他们几乎有求必应,好像这是他们的分内之事,就这样解决了业务课上的主要问题。这种方式延续了很多年。然而,"练声"问题怎么解决?我们先从中国科学院语言研究所的周殿福先生处学来用"绕口令"和"两字词"练声的方法,另外请广播曲艺团的名演员用教唱单弦儿的方法来练声。文化课方面请新闻系汉语教研组和文学教研组的老师来讲课。人民广播史课程帮助学生树立播音员的使命感。这就形成了我们最初的教学课程和师资队伍。

"语音课"理论上解决问题容易,但说到具体发声,却有了新问题:我只是会说普通话,能熟练运用汉语拼音,却没有接触过"国际音标"(我学英语时是不用国际音标的)。时间

我的播音路

紧迫,不可能找专家系统学习,只能向组内的年轻教师王璐学习(她因参与中国科学院语言研究所《普通话图谱》的制作而学过国际音标)。这个学习是要发声的,不能在新闻系的大办公室内练,以免干扰其他教研组的工作,只得在走廊的一端划出一小块作为练声之所。

这就是开班前,播音教研组的具体情况。

学生来了,包括一个中央电视台的代培生。学习开始了,一切进行得较为顺利,可以说超过了预期。值得欣慰的是,这批学生全部成了可用之才,几乎全部分到了中央台。铁城、徐曼、雅坤、虹云等一大批新人,成为后来一个时期中央台播音组的骨干力量。

家庭生活也有收获,我有了第三个孩子,但因孕期全国已进入困难时期,营养差,他出生后一只眼严重弱视。

2. 停止招生 学习 再开班

全国进入三年困难时期,北京广播学院停止招生。这让我们有了一段学习时间,我和马尔芳当即到北京电影学院向吴清老师学习。但地方台对播音员的要求是迫切的,对前一个训练班的毕业生几乎全部留在中央台是不满的。怎么办?校领导决定从新闻系编采专业学生中抽选一些普通话比较好的,对其加以训练,补充到地方台去,这样就有了第二个播音员培训班。

这班学生的优点是受过新闻方面的训练,有一定文字基础,缺点是严重的,大部分普通话不过关:语调带着方言味儿,语音有的 z、zh 不分,有的 f、h 不分,还有的 n、l 不分,而且他们都是二十来岁,早已过了矫正语音的最佳时期,想让他们说纯正的普通话真是难上加难。这对教学是一大考验,我们虽然竭尽全力,但效果并不理想,以致这批学生毕业被分到各地方台后,经过一个时期,大部分转回编采岗位。当然也有例外,几个普通话过硬的学生成了佼佼者,其中的男同学唐宏仁(播音名陈钢),毕业后被分配到中央台,很快就上了《全国各地人民广播电台联播》,他播出的《纪念巴黎公社一百周年》的政论文章受到业内外一致好评,认为他具备齐越的激情与夏青的严整,是一个很有前途的播音员。但天公不作美,这样一个好苗子却被病魔夺去了年轻的生命。这成了我心中深深的痛。另一个是女同学,叫张慧,她在地方台工作一段时间后,回到北京广播学院,成了播音专业的一名教师。

3.下乡宣传

停止招生后,就没有教学任务了。冬季,我成了北京市委农业宣传团怀柔县汤河口分团的副领队,下乡了。领队是县监委书记李华同志。任务是把党的农村政策宣传到家喻户晓的程度。工作地点是长城以北百里外深山区的汤河口公社,这是县工委所在地,领导长城以北的若干个公社。我和北京林学院一位年轻女教师,先后被派到西冒湾和东冒湾两个大队驻村。这两个村在白河两岸。

我的播音路

　　这三个月在深山区与农民同吃、同住、同甘苦,使我受到很大的考验,有了很大收获。山区生活的艰苦,山民精神的坚韧不拔,基层干部的雷厉风行和老干部的朴诚务实都给我好好地上了一课。大队和公社之间正在炸山修路,大路不能走,来回都要经过一个不大的石头碴子(石质小山包),看着山民们行走起来如履平地,而我这个自以为能走山路的人却连攀带爬,得近一个小时才能过去。差距太大了,难怪他们在军队中服役时,大多被评为五好战士呢。到汤河口更北的山区去宣传,农村干部骑上自行车就走,可我骑男士自行车已有些担心(过去我都是骑女士自行车,没前面的大梁,上下车方便),遇到上下岗坡,人家都骑着车走,而我上坡时骑不动,只好推,下坡时,又怕坡长坡陡,刹不住车,还是推。真是尴尬。李华同志是经过抗日战争洗礼的老干部,作风亲切朴实,和基层干部群众打成一片,一点没有官架子。在他面前,我为自己的浮躁浅薄而自惭形秽。与此同时,我也发现了京郊山区农民生活的艰苦、思想的落后,与领导"瞎指挥"造成的不良后果。家家都供着灶王爷,有的甚至还供着狐仙牌位,所有的党员、基层干部都不知道共产党是无神论者。他们奇怪,为什么我晚上一个人从公社回来,走过他们认为的凶地而不害怕。

　　一个山区小队,原以种出杏仁儿的"大扁儿"为主业,却因为干部不明白贯彻"以粮为纲"的政策是要因地制宜的,而命令砍掉所有的杏树。因为没有可耕地,山后的社员不得不翻山来山前干活,生活异常艰苦。"重要的问题在教育农民",我该怎样来完成任务呢?如何使党中央的农村政策深入人心?"没有调查,没有发言权",我用本县一个村庄被"拔山罐子"(泥石流)全部冲没的例子,说明保护生态环境,不在30度以上陡坡开"小片荒"的必要性,听得人无不动容,收到了极好的宣传效果。

在对更北部几个公社的干部进行连续几小时党的农村政策的宣讲时,收到这样的反映:"从来没有这样清楚地听懂过中央的政策",这使我受到极大鼓舞。播音员的基本功起了决定性作用。

这段经历,我有两点较深的体会:其一是了解一线的实际情况,有针对性地进行宣讲,才能收到较好的宣传效果;其二是必须练好基本功,才能使宣传内容清晰地传到听众的耳朵和心里。这两点对我以后的工作起了不小作用,甚至在我退休后到各省市台讲学时,还在指导我的行动。三个月的驻村,使我与基层群众和干部建立起密切的关系,他们对我深表信任。正当这三个月的下乡工作将要结束时,我收到"马上回校,准备招生"的命令。又能招生了,我带着惊喜回到广院。

4.设立播音专业

播音是北京广播学院恢复招生的第一个专业,因为中央台和地方台有迫切需要,而我们是独此一家,别的大专院校都没有这个专业。这次实际上是播音专业的真正起步,因为以前的两个班,学生都是临时抽调的,并没有经过高考。设置一个新专业,先要有计划,并取得教育领导部门的批准。于是我和教务处的一位同志一起跑市教育局,争取参加艺术院校的高考,先考专业,再考文化课。

　　课程设置可以参考前两个班,但最严重的问题是缺乏师资,总不能长期从外单位请人来教课吧。教师从哪里来?只能从有经验的播音员中抽调,这个难度可想而知。第一个调来的是原北京市台播音组组长李越同志,播音名黎明,他在中央台播的早间新闻听起来的确有黎明时分的清爽。其后两年间,又从中央台调来了年轻教师毕征和张颂。张颂虽然播音时间不长,但他是唯一受过正规大学中文系教育的,有文化功底的优势(改革开放后,他曾以汉语播音顾问的身份派往美国工作一段时期)。毕征则和他的引领者李越老师一样,以多年播音的体会与心得对学生循循善诱。这样的师资队伍当然不够,我们还是用以前的办法,请中央台和北京市台的播音员来教课。这样做的好处是,教学和一线播音保持较密切的联系,不至于走向脱离现实的"学院派"。缺点是没有形成专业教材,教学存在一定的随意性。

　　播音不像其他课程那样只上大课,因为每个学生的条件不一样,必须因材施教。上小课,起码是小组课,就必须有小课教室,但那时的广院全校都在一座三层的灰色大楼内,根本没有建小课教室的地方。怎么办?只好把校内可用的地方都利用起来,除广播站外,甚至利用其他专业的办公室。我就是在电视教研室的办公室内上小课的。因为电视专业的教师经常出去工作,办公室有空闲时间。这样做,虽然不能像上个别课那样,对每个学生都有较宽裕的教学时间,但也有好处:利于互相切磋,每个人都有发言权,课堂气氛活泼而热烈,师生间的关系非常融洽。他们是我的学生,也是我年轻的朋友和孩子。其实这样的师生关系,不管对教书还是育人,都是有好处的。总之,这时的教学虽然条件差,课时多,工作累(来教过课的播音员都承认,当教师比单纯播音累许多),但我感受到了当教师看着学生一天天成长的愉快,我为在这一岗位上工作而骄傲。在教学的空隙,我和张颂还到中国科学院语言研究所向周殿福先生学习汉语"吐字归音"的规律,懂得了每一个汉字(音节)的头、颈、腹、尾,如何把一个字发得清晰饱满。这对播音工作来说无疑是十分重要的。

  教学工作逐渐走向正轨。每班学生开学之初都要下乡锻炼一段时间,带学生下乡也是我们的工作课题。记得有一次在东坝,卫生条件很差,苍蝇多,几个学生得了急性肠胃炎,拉、吐、发烧,要紧急带他们去看病,真是狼狈不堪。最麻烦的一次是校方让我带全校各系学生去狼各庄锻炼,那里是北京市安排劳动教养人员的地方,成员复杂,有人寻衅打架,一次竟与几个男生打了起来。更糟的是,还有不法分子夜间跳入外语系女生的住处,引起不小的恐慌。我学着处理这些问题,感到当老师的不容易,责任重大。有的班级还接受"四清"运动的锻炼。在通州的葛渠村,我不仅要管学生,还是进驻这个村工作队的副领队。在与队部几个领导的共同努力下,总算较好地完成了任务。当邢台地震发生时,64级正在那附近下乡。为安抚家长的情绪,我们对每个学生都进行了家访。总体来说,创建播音专业的前几年,工作虽然辛苦,却是兴奋而愉快的。看着学生在业务和思想上一步步成长,把他们中的优秀分子吸收入党组织,我感到当教师的幸福和光荣,这种感受,似乎比在第一线播音时更强烈。63级毕业了,全部服从分配,到了祖国各地,因而上了《人民日报》头条。64级还参加了革命文艺史诗《东方红》的合唱部分,在人民大会堂演出。正当这个专业一步步走向正轨,1966年暑期前,我正在天津招生的时候,"文化大革命"开始,一切都颠覆了!那一年我正好40岁。

二、"文革"期间

1966年,播音专业第一次到外地招生,我去了天津,和北京电影学院、北京舞蹈学院的招生人员在一起工作。在这里,我有一次意外奇遇:和我住同屋的是北京电影学院的黎莉莉老师。我小时候在电影画报的封面上看见过她的泳装照片,标题是"健美明星"。没想到,她竟是一位著名的隐蔽战线的英雄、共产党员钱壮飞的遗孤。她向我讲了她父亲如何打入敌特内部营救了包括周恩来同志在内的党中央的传奇经历，并谈了当她父母去苏区，长征以后，十几岁的她进入了左翼文艺团体"明月歌舞团"（当时聂耳也在这个团），以后进入电影界的事迹。正当我们的招生工作进入尾声的时候，"文化大革命"开始了。听到这个消息，黎老师紧张了，她说"我不要紧，但我的老伴可能过不了这一关"，并约定我们"文革"后再见面。不幸的是，正如她的预料，她的老伴、北京电影制片厂的一位资深技术专家，在运动初期的狂风暴雨中，不堪侮辱而自杀了。这是"文革"后她的女儿告诉我的。至于我自己，一回北京，因有人揭发我是"历史反革命"，立即被揪出来投入"牛棚"（"文革"期间称被揪出来的人为"牛鬼蛇神"，他们住的地方被称为"牛棚"）。

北京广播学院在"文革"中是重灾区，四人帮中，除王洪文外，其他三人都来这里煽风点火，鼓动年轻的学生们到各地广播电台去"夺权"。运动初期，我天天挨斗，一侧脸颊曾被打得青紫，全身也被锋利的铁锹头戳得遍体鳞伤。更加让人难以忍受的是精神上的折磨，我在日记中写的学习刘少奇同志《论共产党员的修养》竟成了一项"罪行"。当我因严重偏头疼，遵医嘱而请假医治时，被答以"你让医生写一个'反革命分子徐恒需要治疗'的条子，我就给你假。"说这话的人竟是播音专业的学生，我心如刀绞。但我扪心自问自己没有做

我的播音路

过反革命的事，历史问题组织已经审查并做过结论，这次又提出来，问题总会搞清楚的，因此我没有灰心丧气。我的爱人韩里以"钻入党内的资产阶级专家"之名而被投入牛棚。最令我伤心的是我78岁的老父亲，也以"反动学术权威"之名被揪斗。他一生爱国，刚直，晚年加入中国共产党，76岁高龄还深入"二里头"考古工地，78岁却被揪斗。在无情摧残之下，他逐步失去健康，以致卧床不起，头脑也失忆，至1976年初逝世，这时我的老母亲也已80岁了。

我家楼下，我儿子的一个玩伴不忍心见到老父亲这样一位音乐界的老专家被鞭打，上去制止，而被公安局抓了去，我的心悬到了嗓子眼儿。多亏有我公公的照顾，不然真不知道我的三个孩子会是什么下场。1967年，我16岁的大儿子去了黑龙江生产建设兵团的虎林（中苏边界珍宝岛所在的城市），当了工人。1968年，我14岁的女儿去了内蒙古科尔沁左翼中旗插队，成了农民。家中只留下我70多岁的老公公和学龄前的小儿子，这个孩子是在无数次的"抄家"声中被"吓"着长大的。抄家打砸抢的结果，除了衣物被毁外，我的全部日记和绝大多数照片遗失，这使我在目前写作时失去了重要依据，只能靠记忆。我爱人的损失更严重：开国大典上他在天安门城楼下毛主席像前敲大鼓的珍贵照片被毁掉；他在莫斯科进修期间，省吃俭用买下的全部密纹唱片和全部乐谱都被毁掉或被抢去，就连他顷刻不能离手的乐器小提琴也被掠走（"文革"

后被追回)。大儿子离家前几天,我遭遇车祸,诊断为脑震荡。在我卧床期间,又因煤气中毒而晕倒。我已不健全的脑神经受到进一步破坏,但我当时不知道。所幸的是我的三个孩子后来都受了大学教育(老大老二是工农兵学员),成绩都很好,成为有用之才。这在当时的环境下是极为罕见的。

有失必有得。我在"文革"中最大的收获是:做了各种各样的重体力劳动,这使我对广大劳动人民的辛苦有了切身感受,同时也必然增加了我对劳动人民的感情,这一点对于一个知识分子出身的共产党员来说非常重要,这一点我在"文革"中也有切身体会。

在修复被学生破坏的楼顶时,我们给工人师傅传砖递瓦;在学校大锅炉房做辅助劳动时,锅炉工人让我们每天和他们一样享受洗热水澡的待遇;特别是"文革"后期,工宣队负责我专案的马师傅对我始终和颜悦色,他曾语重心长地告诫我:"你的问题实际上已解决了。但你一定要做好思想准备,经过这几年的运动,影响还会长时间存在。当你恢复工作时,学生不会像运动前那样尊重你,甚至会有些出格的言行,你要坚持住,不要灰心。"他这是在给我打预防针啊!这样暖心的嘱咐使我受益匪浅。

"密云、望都、淮阳、山高、路远、水长",这是"文革"后期,我们一步步远离北京南下的行程。在去密云以前,我神经上的问题初步显现,时不时会出现头晕、记忆力缺失的情况。在

我的播音路

密云,一次去坡下的井泉挑水,一阵头晕,我竟掉进了一米多深的冰冷的井泉,衣服湿透,幸而下午的劳动任务是出窑,站在热腾腾的砖窑上干活,一身大汗,才没有给身体造成多大伤害。

在望都的张庄,我住在曾打过地道战的大队长家,他的家人对我都很亲切。特别是春节时,别人都回北京过年了,我还留在老乡家(在"文革"期间,连续六个春节我都不能回家)。这是我第一次和老乡一起过年。盘腿围坐在炕桌旁,一边吃着丰盛的年夜饭,一边唠家常,他们那种热情使我心里暖洋洋的。开春了,万物复苏,年轻的大队妇女队长带着几个赤脚医生和我去村庄周围采草药。她曾提出要我跟他们一起去狼牙山采药,要去一个星期,这对被管制的我来说当然不可能,但她的热情令我感动。我也曾以耳针疗法为老乡们缓解牙疼的痛苦。这期间,我的痔疮大发作,回京后动了第二次手术。

到淮阳的中央广播事业局五七干校后,发现这里没有学生,全是广播局各单位的干部。北京广播学院是"连锅端"下去的,连炊事班都下去了。已经没有了批斗,只是干各式各样的体力劳动。冬天没农活时,就组织学习和偶尔的军队式拉练。挖鱼塘、夏种、夏收、旱田改稻田、拔秧、插秧。蚊虫叮、蚂蟥咬。最难忘的是那次去漯河火车站拉农机。用五辆大卡车去接两个敞篷火车皮的农机,任务由我们一个班担任。我们班有三个女同志,男同志中包括已59岁的院长左荧。没想到火车站的起重机坏了,原来由机器干的活完全由我们几个徒手来负担,干了整整一夜。归途中,大家都累得瘫倒在卡车的农机缝隙中,这对老院长该是多么大的负担。最难忘的是那次去县城拉水泥电线杆,当我们这辆车吃力地回到干校边缘时,接替我们拉车的竟是相声大师侯宝林等几个国宝级的曲艺界名人!因为曲艺团也全部下来了,所以每当干校开文艺晚会时,十里八乡的老乡们都赶过来看。

在干校,其他连的干部都是轮换制,干一个周期就回原单位,和我们在同一连队的电视台的成员轮换得最勤,而我们北京广播学院却始终纹丝不动。

在干校,我努力干活,从不偷懒,一年、两年、三年,后来居然成了一个较好的女劳力。在农忙时,我往往会被抽调到炊事班去帮厨,并送饭到田间地头。这时候,我会即兴地编一些小的打油诗去做宣传鼓动,也趁机练练嗓子。开头两年,我的身体还比较好,几十年的胃病,居然好了不少。但到后来,体力逐渐下降,到最后半年竟两次出工伤。到了回北京前的一个月,我被"解放"了,仅次于老院长左荧同志。其间,我的大儿子和女儿都曾去干校看我,他们都是因从劳动地回到家里找不到妈妈而赶来淮阳的。回北京时的我,已从持续了几十年的110多斤体重,变成了130多斤的大胖子,人也进入更年期。

三、再起步

1. 全国在职播音员学习班

据说是出于周恩来总理的关怀,北京广播学院离开干校回到北京东郊定福庄。没了学生的校园空空荡荡,已遭到破坏,修复后第一个恢复专业活动的仍是播音专业:开办了全国在职播音员学习班。领导这次活动的还是齐越同志,我还是他的助手。这个班除了像上次全国会议一样,请了有关专家作报告外,还组织成员下厂、下乡,体验生活。在齐越的积极领导下,学习班增加了播音观摩实践和朗诵练习,取得了很好的效果。播音员们提高了播音水平,增加了相互之间的友谊。临别的朗诵会也开得朝气蓬勃。

2. 带伤上阵

在"文革"中,我发现自己的爱人在被无情批斗中已有神经不正常的现象。他是音乐家,神经敏感度比我高。我这个学数理出身的人比他冷静理智,该不会出现什么问题吧。但我错了。

第一次发现问题是在回校后,一次登台参加一个合唱节目,我的腿不由自主地抖动!怎么回事?过去独自一人参加再大的公开场合也没有这种情况啊,这不是我的长项吗?现在竟这样!之后在一次公开朗诵时,台下竟反映完全听不到我的声音,这是怎么回事?但最让我崩溃的是在一次进播音室准备播音时,在话筒前,我竟不能播出一个完整的句子,丧失了播音能力!

天塌下来了:我现在的岗位还是播音专业的领导,却丧失了播音能力,工作还怎么进行下去?该怎么办?我陷入极度恐慌之中。面对第一批工农兵学员,我该怎么去教他们?天无绝人之路,1975年齐越同志从中央台播音一线调到北京广播学院,这一下子使我振作起来。首先有了这位顶梁柱,播音专业会更好地发展,另外我了解一向用生命播音的齐越——他播出的《谁是最可爱的人》《县委书记的榜样焦裕禄》《巍巍昆仑》……影响了整整一代人的精神面貌。我的爱人韩里曾说:"我钦佩的播音员有两位。一位是苏联的列维坦,另一位就是齐越。"这个最受人民群众敬仰与欢迎的播音员被迫离开第一线,心里该是多么难受,但看到他忍着内心的痛苦,像过去播音时一样,全情投入教学工作时,我惭愧了。我不也应该竭尽所能做好自己的工作吗?

开始时齐越还曾提出和我一起进播音室播新闻,以给学生示范。我告诉他,我已不能播音。他不信,坚持要进播音室试一试。一试,果然不行。他带着无奈又怜悯的眼神看了我一眼,以后再没有提出过这种要求。

我"起死回生",带伤上阵了。

此后的一段工作中,一位新闻系的老同志说:"徐恒,你变了!"确实如此,由过去"凡组织交给的工作一定能干好"的信心满满、敢想敢冲,变成勉力而为、尽可能干好的踟蹰前行了。

3.新考验,新尝试

20世纪70年代后期是广播电视事业大发展的时期,相应的培养人才的教育事业也在大发展,播音专业已不是新闻系的一个教研组,而成了独立的系。我是管教学的副主任,任务依然很重。

为了提高年轻教师的业务水平,系里由齐越同志挂帅,办起了青年教师辅导班,到各个地方台去实习、上课,效果显著。

教育部传来一条指示(据说是江青作的):文科学生必须有一半时间在下面。本来工农兵学员的各方面底子都较差,如果半数时间都在下面,怎么能成长为合格的播音员!怎么办?我想只有用这一半时间把他们放在县广播站实习。既下去了,又不耽误业务学习。但每个广播站只能接受两个实习生,一班学生需要去一二十个广播站。于是我开始在某些省的县广播站间一个一个地跑,一个一个地安排。学生有一半时间在下面,而我竟有三分之二左右的时间在下边,而且经常要利用假期。有一次和年轻教师刘宏庆一起跑江苏省,回来已是春节前夕,车拥挤不堪,我无法活动,连喝口水都得靠刘宏庆在车靠站时,从车窗中跳出跳进来帮助解决。

为了招到水平较好的工农兵学员,我赶赴黑龙江生产建设兵团和大庆等地招生,刘宏庆就是从大庆石油钻探队招来的学员。在去东北生产建设兵团招生的过程中,我们招生组沿着东去的火车,一个团一个团地寻找人才,直到边境线上的虎林。在那里,我还欣喜地看到在兵团机械厂的大儿子。

高考恢复了。第一期播音专业的学生参加了全国统一高考,我去做录取工作。由于专业特殊,和北大、清华一起被列为优先录取的第一梯队。高考停止十多年,这一期学生年龄、经历和文化水平差别很大,有下乡十年的老高中毕业生,有在地方台播音多年的老播音员,也有刚从中学校门出来的姑娘、小伙子,这就是人才辈出的77级。这一班学生除了在校上课外,还参加了一些语言艺术活动,参与动画片《铁臂阿童木》的配音、泥塑《收租院》的解说、《缅怀周恩来总理》的现场解说,这些活动使学生的语言表达能力大大提高。从77级起,有了分配到中央电视台的学生。77级的学生还编了一部《多音字手册》,由商务印书馆出版发行。

我曾考虑过对电视播音员和广播播音员进行分开教学的想法,但校方以不好分配为由拒绝了这个提议。

作为一个独立的系,不能再像"文革"前那样,一个教师教所有的课,而是有了明确的分工:有的教语言表达课,有的教播音发声课。因为语言表达课已有多年教学经验,而发声课却要有较大的更新,我自己也投入发声课的教研中。

为了提高教学质量,教师们开展了向其他艺术的学习。为什么我们的学生在语言造型能力上总体不强,而人艺的演员,不论演戏还是朗诵,总是那样生动感人?人艺演员董行佶说,"你们如果总是坚持'主题、重音、语气'那一套就不可能生动"。于是我们请他来讲课,他强调的是内心体验即斯坦尼斯拉夫斯基体系的理论。这套理论对我来说并不陌生,在天津台播音的头几年我就看了这方面的著作,但因缺乏实践,并不能深刻体会。经过这番示范讲解,我们对原有的教学体系进行了改造。

在一次去上海开会时,我有机会到上海电影译制厂现场观摩译制过程,这带给我巨大的震撼。中国的观影者都知道,看上海电影译制厂的外国片与看国产片一样流畅,毫无生涩之感。秘诀在哪里?一间大厅一端是在工作的译制演员,另一端是放映银幕,演员眼看着银幕上的人物,聚精会神地说着相应的台词。一句台词过后,停住,演员跑到银幕旁,仔细地听自己的台词是否和银幕上的人物的情感相吻合,也要看口形是否对得上,这样往返数次,每一遍都是那样,全身心投入,情绪饱满。人家这是多么精益求精的工作态度!我还注意到另外一点,他们说台词时音量很小,却饱含着影片中人物的情感,这和我们的用声情况是不一样的。从这里又能得到什么启示呢?

我的爱人韩里终生从事小提琴教育工作,他勤于学习,也善于学习,晚年在业务思想上达到了较高的水平。他提出的"发音控制性与自如性的矛盾统一,必须达到有控制的自如,才能有效表达"的思想,以及"声音如大海的波涛,它的动力是由海浪下面的涌产生,只有随着乐曲的发展而产生感情涌动,才有发声的波浪起伏"等观点,对播音不一样有用吗？于是我把一些教师请到家里,听我爱人谈业务心得。

有一位电视播音员"倒仓"了,再也发不出响亮的声音,无法工作下去,我请住在我楼上的一位声乐教师王毓芝去帮她调整练声方法,同时组织一些年轻教师一起旁听,学习声乐教学。

与此同时,我买了林俊卿咽音发声法的书进行自学。中央音乐学院的校医、耳鼻喉科专家冯葆富大夫也给了我极大帮助。

我们通过多方面学习改进了教学体系,教学效果也得到提高。

1978年,高校教师恢复职称评定,齐越被评为播音系第一位正教授,我则被评为副教授。我出生在一个教授家庭,深知老一辈大学教授拥有的丰厚的学识底蕴,像我这样专业知识浅薄的人被评为副教授,我感到不安。不久,播音系又被学院确定为第一批招收研究生的单位之一,而负责这一工作的又是我。接到这个任务,我真是诚惶诚恐,我自己连大学都没读完就去了解放区,研究生更是从来没有接触过,现在要我去教研究生,还要负责这一工作,这该怎么办呢？幸亏齐越同志先招到研究生,并认真地教起来。我只能勉为其难,跟着干吧。我只培养了一个研究生:陈京生。他在毕业后被派往澳大利亚当了一个时期的华语播音员,他自译、自编、自播,颇有一些粉丝;回来后,先后担任副系主任、副院长,因其正直无私、责任心强,大多数时间都是做行政领导工作。不久,系里又有了来自美国和日本的留学生,他们都是来这里学习标准普通话的。我的任务更重了。

我知道要做一名合格的大学教师必须在专业方面有所钻研,有所突破。我该怎么办?想的结果有三条:第一,突破方向——播音发声;第二,在播音质量方面要研究如何使新闻播音像对听众谈话;第三,补足自己的播音短板。

在播音发声方面,过去的语音教学涉及面过于狭窄,现在考虑增加一些语言学方面的知识。除此以外,我开始研究中英文发音的异同,因为中国学生学英语,发音往往带有中国腔。这方面的研究成果得到美国留学生的充分肯定,"如果我在美国的中文老师知道这些会特别高兴的"。但这只是初步研究,没有扩展下去。

一个事实让我深深认识到播音发声方面的实际需要。我在中央台时的直接领导丁一岚同志来电话说,在她领导的对外部中,有几个年轻的英语播音员播不了多长时间,嗓子就吃不住了,希望我去给他们讲讲发声问题,我去了。一了解,他们完全不了解发声原理,不懂得运用共鸣,播音时只是用"嗓子"使劲。当然,嗓子非常累,而且也不能自如地表达内容。

通过我的讲解和带练,他们很快掌握了正确的发声方法,不那么吃力了,内容也表达得更生动了。我还教他们用唱英语圣诞歌曲《平安夜》的方法使发音柔和放松。这次实践使我产生了写一本发声教材的想法,但当时工作太忙,课时太多,这个愿望是在离休以后才得以实现的。

怎么能让新闻播得如对听众谈话,深入人心,而不是照本宣科?这是我长时间以来思考的问题。我开始拿稿子反复录音。我希望在非新闻的节目中先进行谈话式播音的试验,并且把这一想法写成文章,登在校内刊物上,这是我写的最后一篇业务文章,据说得到了主编的好评。

再说我播音的短板。我是在大学学生运动中朗诵、演讲锻炼出来的语言表达能力,因为是学数理的,逻辑思维比较强,所以我的播音风格是激情、严整,但不够细腻,这就是我的短板,必须突破。经过思考,我选了一篇有想象力的作品——安徒生的《海的女儿》,在假期中反复思考,录音不下几十遍,并请齐越同志提意见,他肯定了我努力的成果。我又选了一篇冰心的著作《小橘灯》进行练习,我曾带着这篇文章应北京师范大学中文系的邀请去讲朗诵课,还曾应淮北师范学院的邀请去讲课。

为了在家里反复录音,我买了一台录音机。

这期间,我的身体又出了新问题。一次俗名叫"串腰龙"的带状疱疹,使我的体力再次下降。连续三个寒假发高烧卧床,使我更加不安,该不是结核病复发吧?因为少年时正是同样情况让我卧床不起。

这一时期,我被批准去广播局看中央文件,去听宣传口的内部政策传达。更出乎意料的是,广播局还给我发了进广播大厦播音技术区的"特别通行证"。从中央台搬到粉楼的1955年起,播音区的门口就有武装警卫,播音员必须拿着特别通行证,通过检查才能进入。搬入广播大厦以后,这个制度更加严格。现在重新给我发这个证,也就是说,我随时可以进入播音区播音室。但可惜,这时我已不能播音。因此,对我来说,这只是精神上的安慰,没有什么实际意义,只是在中央台播音部需要我讲点儿什么时用过一两次。

连我自己也没想到,听内部传达竟最终促使我提出离休申请。这是怎么回事?在传达会上读中央文件的原本只有夏青、林田两人。当他们看到我在台下的时候,就发生了这样的事——林田来电话:"今天我和老耿都特别忙,你能不能替我们读中央文件?"我无法拒绝,也就从台下到了台上。听的人也没什么特殊反应,因为他们大都是我的老熟人。这种情况发生了若干次,最后一次读的文件内容是邓小平同志提出的有关老同志要按规定退下来。我知道,这是有关我党永葆青春的大事,意义非凡,必须按照指示执行。这时,我开始考虑自己的去留问题。我已过了一般女干部的退休年龄,虽然根据我的职称可以继续干下去,但毕竟身体已大不如前,常有力不从心之感。是去是留？我正在犹豫不决之时，出了这样一件事：在审阅一位年轻教师的讲稿时，一处明显错误竟是我改成的。就是说，在某个时间段内，我的判断是错误的，脑子是混乱的，这让我猛然惊醒。如果再在领导岗位上干下去，岂不会有损播音教育事业？下决心吧，于是我向校党委打了离休申请。

1984年2月，离休证发了下来，我发现"参加革命工作时间"一栏有问题。按照规定，本应是我参加党的外围组织"民青"的时间，证上写的却是我入党的时间，这关乎我的政治生命，我提出了意见，但发证的人事处干部竟以"反正都是离休，有什么关系？"不予理会。当我已经离休二三十年以后，北京广播学院已经发展为中国传媒大学，人事部门也早换了人，又出了这样一件事：人事部门来电话说，"像您这样学历资历的人，没有级别这么低的，您怎么不向组织提意见？为自己要级别要待遇"？这样的事，我连想都没有想过，而且这种行为也是我最鄙夷的。后来人事部门还是悄悄地给我提了一级。因此，我的离休证上参加革命的时间和级别都不准确。

四、离休以后

1.为播音事业进行最后冲刺

离休以后，我为播音事业做了三件事：一是，写播音发声教材;二是,应邀去一些地方台讲学;三是,参加全国性播音业务会。此外,应系里之邀,给研究生班上过发声课。

　　写发声教材用的时间与精力最多,大约有近一年的时间,我时时伏案工作,以致对门的邻居说:"我看你比上班还忙。"确实,要把多年学习与教学的经验上升为理论,用简明扼要的话讲清楚,比教课要复杂得多。后来写成了,出版了,还在校里、局里得了教材奖。这本是一件值得高兴的事,但当听说学生反映"看不懂"时,尤其是播音发声的理论部分,我非常失落。本是为学生写的教材,他们看不懂,还有什么实际意义?本以为发声原理部分有初中物理水平就应该能看懂,现在的学生都是高中毕业,怎么还说看不懂呢?我首先自责自己不了解实际情况就下笔,但接下来又想,以学生现在的科学知识水平,在这个科技水平日新月异的社会中,他们能适应工作的需要吗?进一步想,难道我们的基础教育出了问题?这可是国家大事,我的心情越发沉重了。

　　广播,特别是电视事业迅猛发展,增加了不少新播音员,他们急需培训与提高,而又有一批老播音员从岗位上退下来,可以充当教师。于是不少地方台发出邀请,请我们去讲课。我就曾被邀到陕西、山西、安徽、四川、贵州、浙江等地,培训对象不仅有省市台的播音员,也包括县广播站的播音员。根据这种情况,北京广播学院决定分"南片""北片"两个点培训全国的播音员。这次我不负责组织工作,只管讲课。南片的培训点在四川省长江北岸的万县(今重庆万州市),北片的培训点在北京的密云水库旁。谁知开班时,具体情况竟是南方点来了不少北方播音员,反之,北方点却来了不少南方人。为什么会这样?原来是为了"看看远方的祖国河山"。

两个点的培训都相当成功,但我的身体不争气,在万县发起高烧,潘捷为给我适时用药而彻夜不眠,马尔芳更是为我擦身,洗涤内衣。这份老同志带来的温暖,让我十分感动与不安,幸而没影响到课程的进行。本来从万县回来预计会经过三峡,看看三峡"高峡出平湖"的壮观景色,但赶上西陵峡山体滑坡,暂时不能通航,我和北京市台的章虹同志都因身体不好而不愿等待,就直接由重庆飞回北京了。到北片培训时,为了照顾我的身体,除了上好自己的课及小组课外,我不再听其他同志的课。而且到后半段,由中央台的其他播音员接替我的教学,以致当李杨(当时他是中央电视台的记者)来培训班做电视采访报道时,没有我的身影。

在培训过程中,我在业务方面也还小有提升。一次在安徽徽州讲课,当时全国乱砍滥伐树木之风很盛,我问当地播音员,"你们这里怎么样"?他们纷纷讲起砍伐的事实,很激动。我拿起一篇有关稿件说:"你们就是要通过播音解决他们的思想问题,这就是'有的放矢'。"他们再播的时候,一下子摆脱了照本宣科,生动起来。在西安讲课时,我试着用较短的时间让基层播音员掌握正确的发声方法,也颇有成效。在这一段

我的播音路

培训工作中我接触了数量巨大的基层播音员。能为他们业务的提高尽一分力,是让我非常高兴的一件事。而且我在去各省讲学的过程中,都能得到当地毕业生的热情照顾,这令我感到当教师的无上荣光。

当我最后一次参加全国播音员的会议时,事情出了意外。1987年齐越同志第一次患脑血栓,他带病参加了党的第十三次代表大会,并坚持讲课。1988年他脑血栓复发,偏瘫,彻底倒下来。我曾带着女儿为他用气功治疗,他仍像以前一样为别人着想,"用气功给人治疗是会伤气的,你不要让她再来了"。这一时期,我的精力也已不再用在播音方面,而是跟我的妹妹王忱一起为1927年成立的"中国西北科学考察团"做正名工作。一天,我忽然接到齐越的电话,"全国播音员业务会议将在宁夏银川召开,他们聘请我当顾问组长,我推荐你代替我。如果你不答应,我只好拼着老命去了"。在这种情况下,我怎能拒绝?我去了。离开播音岗位已多年,年轻的播音员连我的名字都没听说过。我已没有了过去的影响力。我勉力而为。开完会,离开银川时,我想买一张回北京的软席火车票,售票处说"没票了"。无可奈何,我只好辗转托原在北京市台,现在银川任九三学社领导的一位同志才买到一张票。待一上车,整个软席车厢竟是空的,只开了靠车门的一间。乘务员带我进去,开开门,有人站起来迎接我。是谁?我过去的老搭档老耿——夏青。他问我是上铺还是下铺,我说"上铺"。他马上说"您住下铺,我上去"。我知道,从年轻时候起,他的腿就有很重的关节炎,我当然不同意换。但在他的一再坚持下,我不得不同意。在谈话中,我说了当前我所从事的为"中国西北科学考察团"正名的工作,他表示理解,"这可是件大事,够你们忙下半辈子的"。可喜的是这项工作取得了成果,建团60周年、70周年、80周年都有相应的纪念活动:在《人民日报》和《科学》杂志上发表文章,在"科学会堂"开纪念会,《中国国家地理》杂志发了专刊。2017年,在沙滩红楼的新文化运动纪念馆举办了纪念西北科学考察团90周年展览,北京大学还举行了两天的研讨会。但这时我已不是"参与者",而是"参观者"了。

2009年初,应天津市广播电视局的邀请,我去天津参加天津新华广播电台开播60周年的大型纪念活动,和过去的几位老同志一起登台接受鲜花和奖杯,见到了许多多年没见的老播音员,这使我感慨万千。我在话筒前的播音生涯从天津台开始,也在天津台结束,现在又在天津台参加生平最后一次有关播音的活动。天津始,天津终,天津纪念,中间经历了整整60年。我对天津台始终抱有感激与眷恋之情。在这里,我开始了一生钟爱并为之奋斗终生的播音生涯。

2.晚霞与陨落

"文革"后,我的爱人韩里如饥似渴地学习马克思、恩格斯著作。主动把年轻的提琴教师找来,把自己所学所思全部传授给他们;翻译国外同行一些有分量的文章分发给他们,以尽快提高他们的教学水平。他的努力收到了应有的效果,改革开放后,他受到一些来华的外国音乐家的肯定。除了教学,他还经常有接待外国专家或同台演出的任务。20 世纪三大提琴家之一的耶胡迪·梅纽因来华,他负责接待,并与梅纽因先生建立了终生友谊。他的身影出现在记录美国小提琴家艾萨克·斯特恩 1979 年来中国访问的纪录片《从毛泽东到莫扎特》(*From Mao to Mozart*)中,这部纪录片获得了第 53 届奥斯卡最佳纪录片奖。改革开改后,中国小提琴手开始参加国际比赛,他先后被芬兰、意大利、英国、法国、德国、加拿大、智利等国邀请为国际比赛做评委。美国南加州大学曾聘请他去开大师课。但由于身体出了问题,没能成行。随着中国小提琴手不断在国际比赛中获奖,为了教学需要,他参阅了牛津格罗夫音乐数据库(Grove Music Online)上所有有关小提琴的词条,写成《欧洲弦乐艺术史》。另外,他还总结多年当国际比赛评委的所见所思,写成了最后一本著作《弦外行思:国际比赛十年纪实》,这是在美国小儿子的家中由他口述、由我笔录而写成的。在这个过程中,他看到了国际提琴比赛由盛到衰的转变,因此拒绝了以后的邀请。不少师生为功利所驱使,不再追求艺术上的提高,就连他倡导的少儿音乐教育也成了考入优秀大学"加分"的"敲门砖",他忧虑不已,得了严重的神经官能症,只有拉起琴沉入音乐深处时,他才能得到心灵的平静。他学中国传统音乐理论,并以此为主题,刻了一百方印章,还写毛笔字,但这一切都没有阻止他身体的每况愈下。从来都是远离医药的他,先是因一场前列腺病的急性发作而住院抢救半个月。刚出院,他的父亲去世了。之后他心脏病缠身,不得不停止了一个时期的教学。离休后,2003年夏,我俩正在内蒙古通辽女儿家里,他突然间癌症发作,已是晚期,医院诊断说只有3—6个月的生存时间,即使做手术,最多存活也不可能超过一年。既然如此,我当即决定不做手术,回北京找中医,尽可能地使他在短暂的有生之年有较好的生存质量。但四个月后癌症已严重扩散,他接近生命终点。幸运的是,这时,我找到了一位中医马付凯大夫。经治疗,他几个月后"走出低谷",竟能较正常地生活了,能够重新拿起心爱的提琴。2006年夏,我们是在北戴河愉快度过的。2007年春夏之交,他天天喊着要去北戴河,"别着急,咱们天暖和了就去"。但没有等到天暖和,5月底,他感觉不适,琴声停止了。五天后,他平静地离开了这个世界。他的骨灰撒在北戴河的大海中。这时距我们相识61年,结婚57年。

余　波

2016年夏,在与武汉的无话不谈的挚友陈冰(原名张敏,和我一样在南开大学入党,在战火硝烟中进入天津广播电台开始播音工作,是我之后天津台的播音组长)的一次通话中,有这样的一个片段。她说,"我在看过去的日记时发现有周总理对你播音夸奖的话,他说你'播得好,连标点符号都清清楚楚',你知道吗"?又说,"你知道你是最好的(女)播音员吗"?接着话锋一转,"现在有的播音员,对稿件的中心思想掌握不住,语速吐字都不对,让听众根本听不清播的内容,据说还是你们传媒大学出来的。你这个学生是怎么教的"?好,兴问罪之师了。我无言以对。仔细想一想:我在播音教学上是不是有所失误?真的有,在建专业之初,我没有把"播音员首先是新闻工作者"这一点突出出来,把过多的教学内容放在了播音业务上。这个失误不可能不带来一定影响,我惭愧。对播音事业,我只能说:"我尽力了。"

然而，生活中也有意外的拜访能带来惊喜。这事发生在2016年11月，我的大儿子问我："您记得周思平吗？"我说："小平？怎么不记得，咱们在天津杭州道音乐学院宿舍的时候，咱们家和周家同住在一个小院里，他和你妹妹小波跟他们的保姆同住在东屋。""对，就是他，他成了您的同行。在香港还是个有名气的播音员，他说没学过播音，您写的《播音发声学》对他影响很大，他过几天要来看您。"几天后，他真的来了，还是跟我老伴儿生前所教的一个年纪较大的学生曹欢一起来的。思平也已经六十几岁，早已不是小时候的模样，但见面仍很亲切。我看了他父母在加拿大的照片，都老了。他目前在北京做培养影视配音员的工作。他谈了播音员和配音员发声方面的不同要求。他拿出一本《播音发声学》请我签名。据反映，本科生认为这本书太深，看不懂，只好作为研究生教材。思平说："我全看懂了，而且讲发声原理那段什么问题都讲清楚了，对我启发特别大。"他让我听了他和李扬配音的《卧虎藏龙》片段，语言造型能力非常强。我在他那本书上签了名，并按照曹欢的意见，写上"给小平"。送走了他们，我的心暖暖的，暖暖的。

2017年下半年有一件事让我兴奋不已，我父亲徐旭生在考古及其他方面的成就终被认可，中华书局正在准备编辑出版他的文集。但搜集他写的所有文章颇有难度，因为发表于他主编的《猛进》杂志上的"激扬文字"，距今已近百年了。

我的播音路

近年来,我经常为祖国复兴的铿锵脚步而激动不已,大大缓解了疾病带来的烦恼。

目前我教过的学生都已退休,很难再听到他们,看到他们。当偶然在荧屏上看到虹云、敬一丹还有孙小梅的时候,我总是会兴奋地看下去。尤其当我看到满头白发、身材略显臃肿的虹云时,我的眼前就会出现这样的景象:1960年,17岁的冯云(虹云的原名)刚刚考入播音班,健康、活泼、热情、歌声入云……另一幕,广播大厦前,年轻的播音员虹云一边高声喊着"徐老师",一边追逐着她那一对龙凤胎的小宝贝……于是,我不由得笑了起来。是啊,1960年到现在又是一个58年过去了。

中央广播电视总台成立了,我企盼着它带给全国以至全世界以温暖、光明与希望。

2018年7月于北戴河

图书在版编目（CIP）数据

我的播音路 / 徐恒著. -- 北京：中国传媒大学出版社，2023.10
ISBN 978-7-5657-3373-4

Ⅰ.①我… Ⅱ.①徐… Ⅲ.①徐恒—事迹 Ⅳ.①K825.42

中国国家版本馆 CIP 数据核字（2023）第 007477 号

我的播音路
WO DE BOYINLU

著　　者	徐　恒
书名题字	徐　恒
策划编辑	赵　欣
责任编辑	赵　欣　张　笛　高卓毓
封面设计	拓美设计
责任印制	阳金洲
出版发行	中国传媒大学出版社
社　　址	北京市朝阳区定福庄东街 1 号　　邮　编　100024
电　　话	86-10-65450528　65450532　　传　真　65779405
网　　址	http://cucp.cuc.edu.cn
经　　销	全国新华书店
印　　刷	北京中科印刷有限公司
开　　本	710mm×1000mm　1/16
印　　张	9.5
字　　数	99 千字
版　　次	2023 年 10 月第 1 版
印　　次	2023 年 10 月第 1 次印刷
书　　号	ISBN 978-7-5657-3373-4/K・3373　　定　价　48.00 元

本社法律顾问：北京嘉润律师事务所　郭建平